世界遺産シリーズ

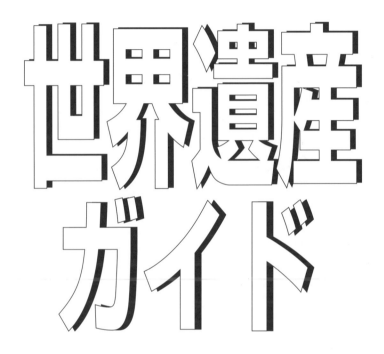

世界遺産ガイド

ー複合遺産編ー
2020改訂版

JN118904

目次

《 目 次 》

■ 複合遺産の概要

■ 世界遺産リストに登録されている複合遺産

【表紙写真】

（表）　　　　（裏）

❶❷❸❹❺❻ / ❼

❶チリビケテ国立公園ージャガーの生息地（コロンビア）
❷カンチェンジュンガ国立公園（インド）
❸テワカン・クイカトラン渓谷：
　メソアメリカの起源となる環境（メキシコ）
❹パラチとイーリャ・グランデー文化と生物多様性（ブラジル）
❺ブルー・ジョン・クロウ山脈（ジャマイカ）
❻ピマチオウィン・アキ（カナダ）
❼泰山（中国）

複合遺産　キーワード

- Area of nominated property　登録範囲
- Authenticity　真正性、或は、真実性
- Boundaries　境界線（コア・ゾーンとバッファー・ゾーンとの）
- Buffer Zone　バッファー・ゾーン（緩衝地帯）
- Community　地域社会
- Comparative Analysis　比較分析
- Components　構成資産
- Comparison with other similar properties　他の類似物件との比較
- Conservation and Management　保護管理
- Core Zone　コア・ゾーン（核心地域）
- Criteria for Inscription　登録基準
- Cultural and Natural Heritage　複合遺産
- Cultural Heritage　文化遺産
- Cultural Landscapes　文化的景観
- ICCROM　文化財保存及び修復の研究のための国際センター（通称　ローマセンター）
- ICOMOS　国際記念物遺跡会議
- Integrity　完全性
- International Cooperation　国際協力
- IUCN　国際自然保護連合
- Juridical Data　法的データ
- Minor modifications to the boundaries　登録範囲の軽微な変更
- Monitoring　モニタリング（監視）
- Natural and Cultural Landscape　複合景観（自然・文化景観）
- Natural Heritage　自然遺産
- Periodic Reporting　定期報告
- Preserving and Utilizing　保全と活用
- Protected Areas　保護地域
- Reinforced Monitoring Mechanism　監視強化メカニズム
- Serial nomination　シリアル・ノミネーション（連続性のある）
- Significant modifications to the boundaries　登録範囲の重大な変更
- State of Conservation　保護状況
- Transboundary nomination　トランスバウンダリー・ノミネーション（国境をまたぐ）
- World Heritage　世界遺産
- World Heritage Committee　世界遺産委員会
- World Heritage Fund　世界遺産基金
- World Heritage in Danger　危機にさらされている世界遺産

複合遺産の概要

パラチとイーリャ・グランデー文化と生物多様性（ブラジル）
2019年登録
登録基準 （v）（x）

複合遺産　定義

複合遺産の概要

自然遺産と文化遺産の両方の登録基準を満たしている物件が**複合遺産**(Mixed Cultural and Natural Heritage)で、最初から複合遺産として登録される場合と、はじめに、自然遺産、あるいは、文化遺産として登録され、その後もう一方の遺産としても評価されて複合遺産となる場合がある。

例えば、トンガリロ国立公園(ニュージーランド)やウルル・カタジュタ国立公園(オーストラリア)は、最初に自然遺産として登録され、その後文化遺産としても登録されて、結果的に複合遺産になった。

複合遺産は、世界遺産条約の本旨である自然と文化との結びつきを代表するもので、2020年3月現在、39件ある。ティカル国立公園 (グアテマラ)が1979年の第3回世界遺産委員会ルクソール会議で初めて複合遺産に登録された。

その後、泰山、黄山、楽山大仏風景名勝区を含む峨眉山風景名勝区、武夷山(中国)、ギョレメ国立公園とカッパドキアの岩窟群、ヒエラポリス・パムッカレ(トルコ)、ウィランドラ湖群地方、ウルル・カタジュタ国立公園、カカドゥ国立公園、タスマニア原生地域(オーストラリア)、トンガリロ国立公園(ニュージーランド)、アトス山、メテオラ(ギリシャ)、セント・キルダ(英国)、ピレネー地方ペルデュー山(フランスとスペイン)、イビサの生物多様性と文化(スペイン)、ラップ人地域(スウェーデン)、オフリッド地域の自然・文化遺産(北マケドニア)、タッシリ・ナジェール(アルジェリア)、バンディアガラの絶壁(ドゴン族の集落)(マリ)、マチュ・ピチュの歴史保護区、リオ・アビセオ国立公園(ペルー)、オカシュランバ・ドラケンスバーグ公園 (南アフリカ)、ロペ・オカンダの生態系と残存する文化的景観(ガボン)、ンゴロンゴロ保全地域(タンザニア)、パパハナウモクアケア(米国)、ワディ・ラム保護区(ヨルダン)、ロックアイランドの南部の干潟(パラオ)、チャンアン景観遺産群(ヴェトナム)、カンペチェ州、カラクムルの古代マヤ都市と熱帯林保護区(メキシコ)、ブルー・ジョン・クロウ山脈(ジャマイカ)、エネディ山地の自然と文化的景観 (チャド) 、イラク南部の湿原：生物多様性の安全地帯とメソポタミア都市群の残存景観 (イラク) 、カンチェンジュンガ国立公園 (インド) 、ピマチオウィン・アキ (カナダ) 、テワカン・クィカトラン渓谷　メソアメリカの起源となる環境 (メキシコ) 、チリビケテ国立公園ージャガーの生息地 (コロンビア) 、パラチとイーリャ・グランデー文化と生物多様性 (ブラジル) が登録されている。

世界遺産条約の大きな特徴は、それまで、対立するものと考えられてきた自然と文化を、相互に依存したものと考え、共に保護していくことにある。それは、自然遺産と文化遺産の両方の価値を併せ持った、この複合遺産という考え方にも反映されている。

一方、世界遺産条約第1条でいう「自然と人間との共同作品」に相当する文化的景観(Cultural Landscapes)とは、文化遺産と自然遺産との中間的な存在で、現在は、文化遺産の分類に含められている。文化的景観は、人間社会または人間の居住地が、自然環境による物理的制約のなかで、社会的、経済的、文化的な内外の力に継続的に影響されながら、どのような進化をたどってきたのかを例証するものである。

複合遺産と文化的景観、いずれも自然がキーワードになっている。その違いは、複合遺産の自然は、自然遺産関係の登録基準(vii)〜(x)、すなわち、世界的な「顕著な普遍的価値」を有する自然景観、地形・地質、生態系、生物多様性のいずれかの基準を一つ以上満たしていることが必要条件である。

一方、文化的景観の自然は、人間の諸活動と関連した周辺の自然環境であり、これらが調和した文化的な共同作品である。

上記の39の複合遺産のうち、ロペ・オカンダの生態系と残存する文化的景観(ガボン)、チャンアン景観遺産群(ヴェトナム)、楽山大仏風景名勝区を含む峨眉山風景名勝区(中国)、ウルルーカタ・ジュタ国立公園(オーストラリア)、トンガリロ国立公園(ニュージーランド)、セント・キルダ(英国)、ピレネー地方ーペルデュー山(フランス／スペイン)、ラップ人地域(スウェーデン)、エネディ山地の自然と文化的景観 (チャド) 、カンチェンジュンガ国立公園 (インド) 、ロックアイランド (パラオ) 、ピマチオウィン・アキ (カナダ) は、文化遺産のカテゴリーとして文化的景観も適用されている。

複合遺産　ユネスコと世界遺産

複合遺産の概要

1872年	アメリカ合衆国が、世界で最初の国立公園法を制定。
1948年	IUCN（国際自然保護連合）が発足。
1954年	ハーグで「武力紛争の際の文化財の保護の為の条約」（通称ハーグ条約）を採択。
1959年	アスワン・ハイ・ダムの建設（1970年完成）でナセル湖に水没する危機にさらされた エジプトのヌビア遺跡群の救済を目的としたユネスコの国際的キャンペーン。 文化遺産保護に関する条約の草案づくりを開始。
1959年	ICCROM（文化財保存修復研究国際センター）が発足。
1964年	「記念建造物および遺跡の保存と修復の為の国際憲章」（通称ヴェネツィア憲章）を採択。
1965年	ICOMOS（国際記念物遺跡会議）が発足。
1967年	アムステルダムで開催された国際会議で、アメリカ合衆国が、自然遺産と文化遺産を 総合的に保全するための「世界遺産トラスト」を設立することを提唱。
1970年	「文化財の不正な輸入、輸出、および所有権の移転を禁止、防止する手段に関する条約」を 採択。
1971年	ニクソン大統領の提案（ニクソン政権に関するメッセージ）、この後、IUCNとユネスコ が世界遺産の概念を具体化するべく世界遺産条約の草案を作成。
1971年	ユネスコとIUCN（国際自然保護連合）が世界遺産条約の草案を作成。
1972年	ユネスコはアメリカの提案を受けて、自然・文化の両遺産を統合するための専門家会議 を開催、これを受けて両草案はひとつにまとめられた。
1972年	ストックホルムで開催された国連人間環境会議で条約の草案報告。
1972年	パリで開催された第17回ユネスコ総会において採択。
1975年	世界の文化遺産及び自然遺産の保護に関する条約発効。
1977年	第1回世界遺産委員会がパリにて開催される。
1979年	ティカル国立公園（グアテマラ）が、第3回世界遺産委員会がルクソール会議で最初の 複合遺産として登録される。
1984年	米国、ユネスコを脱退。
1985年	英国、シンガポール、ユネスコを脱退。
1989年	日本政府、「文化遺産保存日本信託基金」をユネスコに設置。
1992年	ユネスコ事務局長、ユネスコ世界遺産センターを設立。
1992年	日本、世界遺産条約を受諾。
1997年	英国、ユネスコに復帰。
1999年	松浦晃一郎氏、ユネスコ事務局長に就任。
2000年	ケアンズ・デシジョンを採択。
2002年	国連文化遺産年。
2002年	ブダペスト宣言採択。
2002年	世界遺産条約採択30周年。
2003年	米国、ユネスコに復帰。
2004年	蘇州デシジョンを採択。
2005年	「文化的表現の多様性の保護と促進に関する条約」（略称：文化多様性条約）を採択。
2006年	無形文化遺産保護条約が発効。
2007年	文化多様性条約が発効。
2009年	水中文化遺産保護に関する条約が発効。
2009年	ブルガリアのイリナ・ボコバ氏、松浦晃一郎氏の後任としてユネスコ事務局長に就任。
2015年	ユネスコ創設70周年。
2015年	メヒティルト・ロスラー氏、ユネスコ世界遺産センター所長に就任。
2018年	米国とイスラエル、ユネスコを脱退。
2020年	世界遺産条約締約国数　193か国。（2020年3月現在）
2020年	ユネスコ創設75周年。
2022年	世界遺産条約採択50周年。

複合遺産の概要

複合遺産　世界遺産条約に関連する他の国際条約や計画

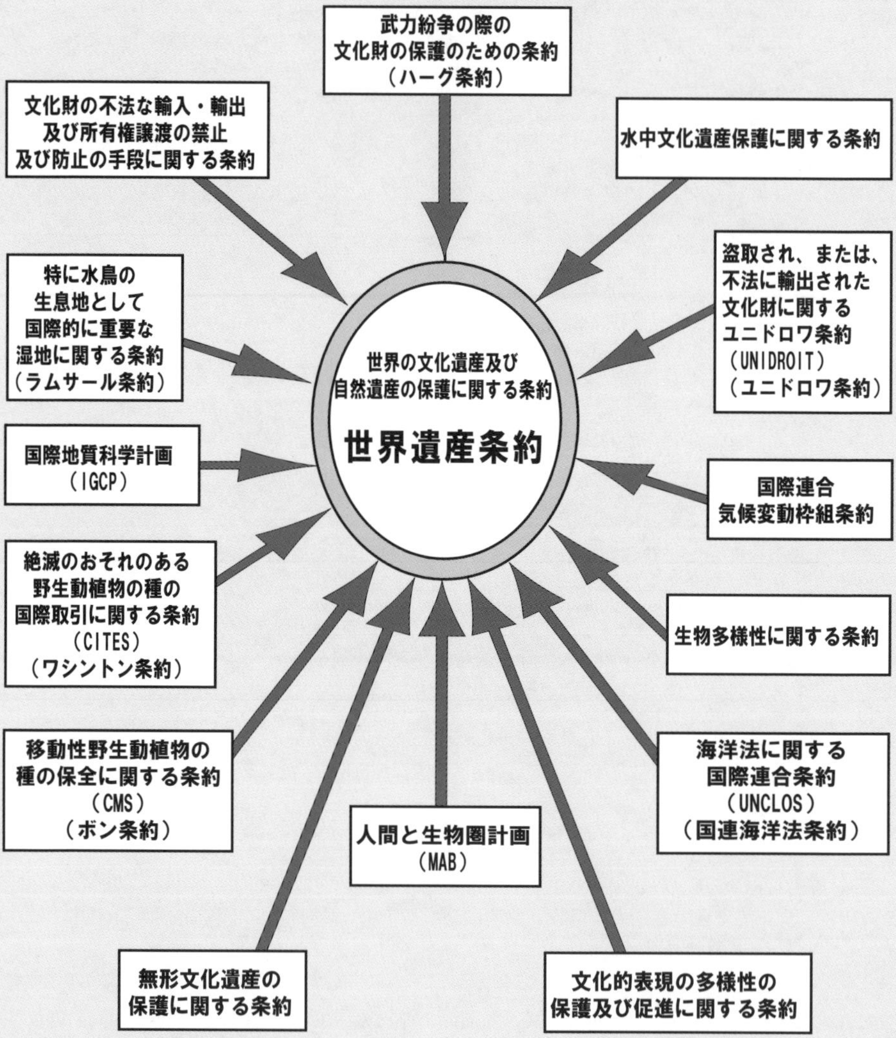

武力紛争の際の
文化財の保護のための条約
（ハーグ条約）

文化財の不法な輸入・輸出
及び所有権譲渡の禁止
及び防止の手段に関する条約

水中文化遺産保護に関する条約

特に水鳥の
生息地として
国際的に重要な
湿地に関する条約
（ラムサール条約）

盗取され、または、
不法に輸出された
文化財に関する
ユニドロワ条約
（UNIDROIT）
（ユニドロワ条約）

世界の文化遺産及び
自然遺産の保護に関する条約

世界遺産条約

国際地質科学計画
（IGCP）

国際連合
気候変動枠組条約

絶滅のおそれのある
野生動植物の種の
国際取引に関する条約
（CITES）
（ワシントン条約）

生物多様性に関する条約

移動性野生動植物の
種の保全に関する条約
（CMS）
（ボン条約）

海洋法に関する
国際連合条約
（UNCLOS）
（国連海洋法条約）

人間と生物圏計画
（MAB）

無形文化遺産の
保護に関する条約

文化的表現の多様性の
保護及び促進に関する条約

●人間と生物圏計画（Man and the Biosphere Programme）（略称 MAB） 1971年発足

●特に水鳥の生息地として国際的に重要な湿地に関する条約
（Convention on Wetlands of International Importance especially as Waterfowl Habitat）
（通称 ラムサール条約） 1971年採択

●絶滅のおそれのある野生動植物の種の国際取引に関する条約
（Convention on International Trade in Endangered Species of Wild Fauna and Flora）
（通称 ワシントン条約） 1973年採択

●国際地質科学計画（International Geoscience Programme）（略称 IGCP）1974年採択

●移動性野生動植物の種の保全に関する条約
（Convention on the Conservation of Migratory Species of Wild Animals ）
（略称 CMS 通称 ボン条約） 1979年採択

●海洋法に関する国際連合条約
（United Nations Convention on the Law of the Sea）（略称 UNCLOS） 1982年採択

●生物多様性条約（Convention on Biological Diversity）（略称 CBD） 1992年採択

●国際連合気候変動枠組条約（United Nations Framework Convention on Climate Change）
（略称 UNFCCC） 1992年採択

●武力紛争の際の文化財の保護の為の条約
（Convention for the Protection of Cultural Property in the Event of Armed Conflict）
（通称 ハーグ条約） 1954年採択

●文化財の不法な輸入、輸出及び所有権譲渡の禁止及び防止の手段に関する条約
（Convention on the Means of Prohibiting and Preventing the Illicit Import, Export and Transfer of
Ownership of Cultural Property）（通称 文化財不法輸出入等禁止条約） 1970年採択

●盗取され、または、不法に輸出された文化財に関するユニドロワ条約
（UNIDROIT Convention on Stolen or Illegally Exported Cultural Objects ）
（通称 ユニドロワ条約） 1995年採択

●水中文化遺産保護に関する条約
（Convention on the Protection of the Underwater Cultural Heritage）
（通称 水中文化遺産保護条約） 2001年採択

●無形文化遺産の保護に関する条約
（Convention for the Safeguarding of the Intangible Cultural Heritage ）
（通称 無形文化遺産保護条約） 2003年採択

●文化的表現の多様性の保護及び促進に関する条約
（Convention on the Protection on and Promotion of the Diversity of Culture Expressions）
（通称 文化多様性条約） 2005年採択

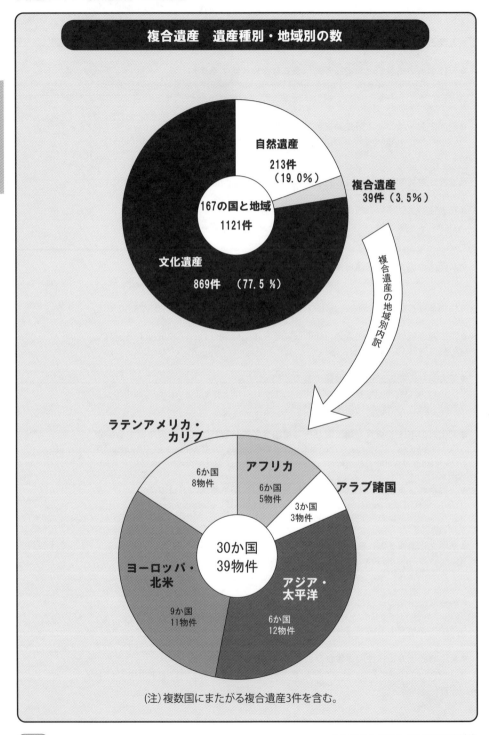

複合遺産　遺産種別・地域別の数

自然遺産
213件
（19.0%）

複合遺産
39件（3.5%）

167の国と地域
1121件

文化遺産
869件　（77.5 %）

複合遺産の地域別内訳

ラテンアメリカ・
カリブ
6か国
8物件

アフリカ
6か国
5物件

アラブ諸国
3か国
3物件

30か国
39物件

ヨーロッパ・
北米
9か国
11物件

アジア・
太平洋
6か国
12物件

(注)複数国にまたがる複合遺産3件を含む。

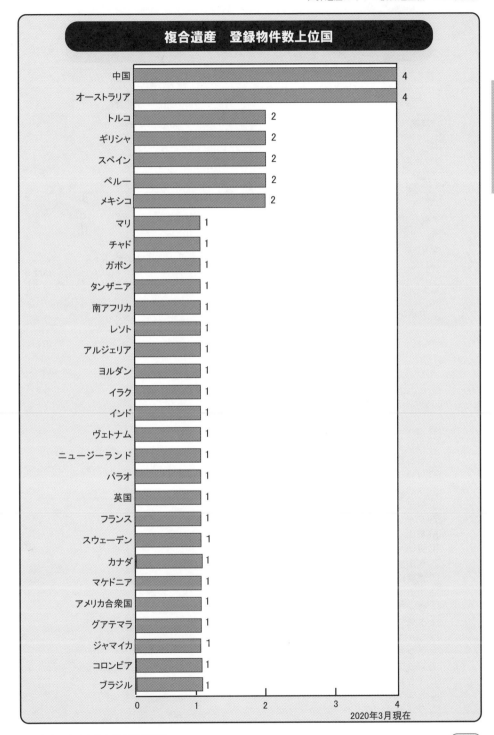

複合遺産の概要

複合遺産の概要

複合遺産　世界分布図

複合遺産の数
30か国　39物件
（2020年3月現在）

1. ロペ・オカンダの生態系と残存する文化的景観（ガボン）
2. バンディアガラの絶壁（ドゴン族の集落）（マリ）
3. ンゴロンゴロ保全地域（タンザニア）
4. マロティ－ドラケンスバーグ公園（南アフリカ／レソト）
5. タッシリ・ナジェール（アルジェリア）
6. ワディ・ラム保護区（ヨルダン）
7. チャンアン景観遺産群（ヴェトナム）
8. 泰山（中国）
9. 黄山（中国）
10. 楽山大仏風景名勝区を含む峨眉山風景名勝区（中国）
11. 武夷山（中国）
12. カカドゥ国立公園（オーストラリア）
13. ウィランドラ湖群地域（オーストラリア）
14. タスマニア原生地域（オーストラリア）
15. ウルル－カタ・ジュタ国立公園（オーストラリア）
16. トンガリロ国立公園（ニュージーランド）
17. ロックアイランドの南部の干潟（パラオ）
18. ギョレメ国立公園とカッパドキアの岩窟群（トルコ）
19. ヒエラポリス・パムッカレ（トルコ）
20. アトス山（ギリシャ）

カナダ

37

アメリカ合衆国

27

メキシコ

38 28
29

30 ジャマイカ

グアテマラ

コロンビア

赤　道

36

32

ペルー

31

ブラジル

39

ニュージーランド

16

21 メテオラ （ギリシャ）
22 セント・キルダ（英国）
23 ピレネー地方ーペルデュー山 （フランス／スペイン）
24 イビサの生物多様性と文化 （スペイン）
25 オフリッド地域の自然・文化遺産 （北マケドニア）
26 ラップ人地域 （スウェーデン）
27 パパハナウモクアケア （アメリカ合衆国）
28 カンペチェ州、カラクムルの古代マヤ都市と熱帯林保護区 （メキシコ）
29 ティカル国立公園 （グアテマラ）
30 ブルー・ジョン・クロウ山脈 （ジャマイカ）
31 マチュ・ピチュの歴史保護区 （ペルー）
32 リオ・アビセオ国立公園 （ペルー）
33 エネディ山地の自然と文化的景観 （チャド）
34 イラク南部の湿原：生物多様性の安全地帯とメソポタミア都市群の残存景観 （イラク）
35 カンチェンジュンガ国立公園 （インド）
36 チリビケテ国立公園ージャガーの生息地 （コロンビア）
37 ピマチオウィン・アキ （カナダ）
38 テワカン・クイカトラン渓谷：メソアメリカの起源となる環境 （メキシコ）
39 パラチとイーリャ・グランデ文化と生物多様性 （ブラジル）

複合遺産の概要

複合遺産　世界遺産委員会回次別登録物件数の内訳

回次	開催年	登録物件数				登録物件数（累計）				備考
		自然	文化	複合	合計	自然	文化	複合	累計	
第1回	1977年	0	0	0	0	0	0	0	0	
第2回	1978年	4	8	0	12	4	8	0	12	
第3回	1979年	10	34	1	45	14	42	1	57	
第4回	1980年	6	23	0	29	19①	65	2①	86	
第5回	1981年	9	15	2	26	28	80	4	112	
第6回	1982年	5	17	2	24	33	97	6	136	
第7回	1983年	9	19	1	29	42	116	7	165	
第8回	1984年	7	16	0	23	48②	131③	7	186	
第9回	1985年	4	25	1	30	52	156	8	216	
第10回	1986年	8	23	0	31	60	179	8	247	
第11回	1987年	8	32	1	41	68	211	9	288	
第12回	1988年	5	19	3	27	73	230	12	315	
第13回	1989年	2	4	1	7	75	234	13	322	
第14回	1990年	5	11	1	17	77④	245	14	336	
第15回	1991年	6	16	0	22	83	261	14	358	
第16回	1992年	4	16	0	20	86⑤	277	15⑤	378	
第17回	1993年	4	29	0	33	89⑥	306	16⑥	411	
第18回	1994年	8	21	0	29	96⑦	327	17⑦	440	
第19回	1995年	6	23	0	29	102	350	17	469	
第20回	1996年	5	30	2	37	107	380	19	506	
第21回	1997年	7	38	1	46	114	418	20	552	
第22回	1998年	3	27	0	30	117	445	20	582	
第23回	1999年	11	35	2	48	128	480	22	630	
第24回	2000年	10	50	1	61	138	529⑧	23	690	
第25回	2001年	6	25	0	31	144	554	23	721	
第26回	2002年	0	9	0	9	144	563	23	730	
第27回	2003年	5	19	0	24	149	582	23	754	
第28回	2004年	5	29	0	34	154	611	23	788	
第29回	2005年	7	17	0	24	160⑨	628	24⑨	812	
第30回	2006年	2	16	0	18	162	644	24	830	
第31回	2007年	5	16	1	22	166⑩	660	25	851	
第32回	2008年	8	19	0	27	174	679	25	878	
第33回	2009年	2	11	0	13	176	689⑪	25	890	
第34回	2010年	5	15	1	21	180⑫	704	27⑫	911	
第35回	2011年	3	21	1	25	183	725	28	936	
第36回	2012年	5	20	1	26	188	745	29	962	
第37回	2013年	5	14	0	19	193	759	29	981	
第38回	2014年	4	21	1	26	197	779⑬	31⑬	1007	
第39回	2015年	0	23	1	24	197	802	32	1031	
第40回	2016年	6	12	3	21	203	814	35	1052	
第41回	2017年	3	18	0	21	206	832	35	1073	
第42回	2018年	3	16	0	19	209	845	38	1092	
第43回	2019年	4	24	1	29	213	869	39	1121	

備考

①オフリッド湖〈自然遺産〉（マケドニア*1979年登録）→文化遺産加わり複合遺産に　*当時の国名はユーゴスラヴィア

②バージェス・シェル遺跡〈自然遺産〉（カナダ1980年登録）→「カナディアンロッキー山脈公園」として再登録。上記物件を統合

③グアラニー人のイエズス会伝道所〈文化遺産〉（ブラジル1983年登録）→アルゼンチンにある物件が登録され、1件とみなされることに

④ウエストランド、マウント・クック国立公園〈自然遺産〉フィヨルドランド国立公園〈自然遺産〉（ニュージーランド1986年登録）→「テ・ワヒポナム」として再登録。上記2物件を統合し1物件に

④タラマンカ地方ラ・アミスタッド保護区群〈自然遺産〉（コスタリカ1983年登録）→パナマのラ・アミスタッド国立公園を加え再登録。上記物件を統合し1物件に

⑤リオ・アビセオ国立公園〈自然遺産〉（ペルー）→文化遺産加わり複合遺産に

⑥トンガリロ国立公園〈自然遺産〉（ニュージーランド）→文化遺産加わり複合遺産に

⑦ウルル・カタ・ジュタ国立公園〈自然遺産〉（オーストラリア）→文化遺産加わり複合遺産に

⑧シャンボール城〈文化遺産〉（フランス1981年登録）→「シュリー・シュルロワールとシャロンヌの間のロワール渓谷」として再登録。上記物件を統合

⑨セント・キルダ〈自然遺産〉（イギリス1986年登録）→文化遺産加わり複合遺産に

⑩アラビアン・オリックス保護区〈自然遺産〉（オマーン1994年登録）→登録抹消

⑪ドレスデンのエルベ渓谷〈文化遺産〉（ドイツ2004年登録）→登録抹消

⑫ンゴロンゴロ保全地域〈自然遺産〉（タンザニア1978年登録）→文化遺産加わり複合遺産に

⑬カラクムルのマヤ都市〈文化遺産〉（メキシコ2002年登録）→自然遺産加わり複合遺産に

複合遺産　顕著な普遍的価値

顕　著　な　普　遍　的　価　値

世界遺産

国際認知度

稀少性

国　際　的
（ラムサール条約登録湿地、
生物圏保護区、ジオ・パーク）

リージョナル・サイトとネットワーク
（Natural2000、ASEAN遺産公園）

サブ・リージョナル・サイト
（国境をまたぐ保護地域、平和公園）

ナショナル・サイト／保護地域システム
（国宝、国指定の史跡、重要文化財、自然保護区、私的保護区、記念物等）

サブ・ナショナル・サイト
（都道府県指定文化財、市町村指定文化財等）　（地域公園、州・地方の保護区）

「顕著な普遍的価値」の決定要素

● 世界遺産の登録基準＜（i）～（x）＞のうち1つ以上に適合していること。
● 完全性（インテグリティ）の必要条件を満たしていること。

代表性の主眼点

● 遺跡、建造物群、モニュメントの各分野、カテゴリーを代表していること。
● 国連の保護管理システムや生態系ネットワークを通じての
　自然景観、地形・地質、生態系、生物多様性の各分野、カテゴリーを
　代表していること。

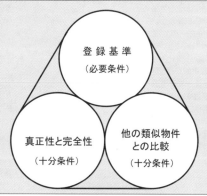

登録基準
（必要条件）

真正性と完全性
（十分条件）

他の類似物件
との比較
（十分条件）

「顕著な普遍的価値」の正当性
(JUSTIFICATION FOR OUTSTANDING UNIVERSAL VALUE)

☐ Criteria met（該当する登録基準）
☐ Statement of authenticity and/or integrity（真正性と或は完全性の陳述）
☐ Comparison with other similar properties（他の類似物件との比較）

複合遺産の概要

コア・ゾーン（推薦資産）

登録推薦資産を効果的に保護するたに明確に設定された境界線。

境界線の設定は、資産の「顕著な普遍的価値」及び完全性及び真正性が十分に表現されることを保証するように行われなければならない。

_____ ha

- ●文化財保護法
  - 国の史跡指定
  - 国の重要文化的景観指定など
- ●自然公園法
  - 国立公園、国定公園
- ●都市計画法
  - 国営公園

バッファー・ゾーン（緩衝地帯）

推薦資産の効果的な保護を目的として、推薦資産を取り囲む地域に、法的または慣習的手法により補完的な利用・開発規制を敷くことにより設けられるもうひとつの保護の網。推薦資産の直接のセッティング（周辺の環境）、重要な景色やその他資産の保護を支える重要な機能をもつ地域または特性が含まれるべきである。

_____ ha

- ●景観条例
- ●環境保全条例

長期的な保存管理計画

登録推薦資産の現在及び未来にわたる効果的な保護を担保するために、各資産について、資産の「顕著な普遍的価値」をどのように保全すべきか（参加型手法を用いることが望ましい）について明示した適切な管理計画のこと。どのような管理体制が効果的かは、登録推薦資産のタイプ、特性、ニーズや当該資産が置かれた文化、自然面での文脈によっても異なる。管理体制の形は、文化的視点、資源量その他の要因によって、様々な形式をとり得る。伝統的な手法、既存の都市計画や地域計画の手法、その他の計画手法が使われることが考えられる。

- ●管理主体
- ●管理体制
- ●管理計画

- ●記録・保存・継承
- ●公開・活用（教育、観光、まちづくり）

- ●地域計画、都市計画
- ●協働のまちづくり

登録範囲

担保条件

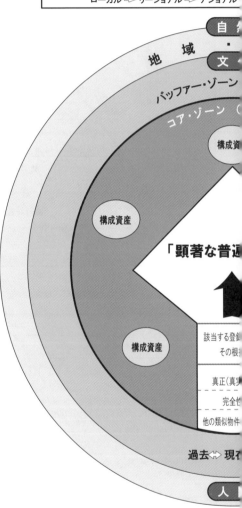

世界遺産登録と「顕著な普遍

顕著な普遍的価値（Outstan

国家間の境界を超越し、人類全体にとって現代及び将来
文化的な意義及び/又は自然的な価値を意味する。
国際社会全体にとって最高水準の重要性を有する。

ローカル ⇨ リージョナル ⇨ ナショナル

自然

地域　文化

バッファー・ゾーン（

コア・ゾーン（

構成資産

構成資産

「顕著な普遍

構成資産

該当する登録
その根

真正（真実

完全性

他の類似物件

過去 ⇔ 現在

人

登録遺産名：○○○○○○○○○○○○○
日本語表記：○○○○○○○○○○○○○
位置（経緯度）：北緯○○度○○分　東経○
登録遺産の説明と概要：○○○○○○○○○
　　　　　　　　　　○○○○○○○○○○○

価値」の証明について

niversal Value＝OUV)

に共通した重要性をもつような、傑出した
のような遺産を恒久的に保護することは

ターナショナル ⇨グローバル

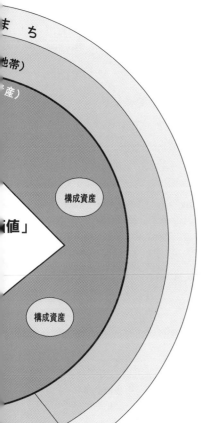

ま　ち

（地帯）

（産）

構成資産

価値」

構成資産

来

境界線
（バウンダリーズ）

○○○○○（英語）
○○○○○○
○○分
○○○○○○○○
○○○○○○

必要十分条件の証明

登録基準（クライテリア）

(i) 人類の創造的天才の傑作を表現するもの。
→**人類の創造的天才の傑作**

(ii) ある期間を通じて、または、ある文化圏において、建築、技術、記念碑的芸術、町並み計画、景観デザインの発展に関し、人類の価値の重要な交流を示すもの。
→**人類の価値の重要な交流を示すもの**

(iii) 現存する、または、消滅した文化的伝統、または、文明の、唯一の、または、少なくとも稀な証拠となるもの。
→**文化的伝統、文明の稀な証拠**

(iv) 人類の歴史上重要な時代を例証する、ある形式の建造物、建築物群、技術の集積、または、景観の顕著な例。
→**歴史上、重要な時代を例証する優れた例**

(v) 特に、回復困難な変化の影響下で損傷されやすい状態にある場合における、ある文化（または、複数の文化）、或は、環境と人間との相互作用、を代表する伝統的集落、または、土地利用の顕著な例。
→**存続が危ぶまれている伝統的集落、土地利用の際立つ例**

(vi) 顕著な普遍的な意義を有する出来事、現存する伝統、思想、信仰、または、芸術的、文学的作品と、直接に、または、明白に関連するもの。
→**普遍的出来事、伝統、思想、信仰、芸術、文学的作品と関連するもの**

(vii) もっともすばらしい自然的現象、または、ひときわすぐれた自然美をもつ地域、及び、美的な重要性を含むもの。→**自然景観**

(viii) 地球の歴史上の主要な段階を示す顕著な見本であるもの。これには、生物の記録、地形の発達における重要な地学的進行過程、或は、重要な地形的、または、自然地理的特性などが含まれる。
→**地形・地質**

(ix) 陸上、淡水、沿岸、及び、海洋生態系と動植物群集の進化と発達において、進行しつつある重要な生態学的、生物学的プロセスを示す顕著な見本であるもの。→**生態系**

(x) 生物多様性の本来的保全にとって、もっとも重要かつ意義深い自然生息地を含んでいるもの。これには、科学上、または、保全上の観点から、普遍的価値をもつ絶滅の恐れのある種が存在するものを含む。
→**生物多様性**

※上記の登録基準(i)～(x)のうち、一つ以上の登録基準を満たすと共に、それぞれの根拠となる説明が必要。

真正（真実）性（オーセンティシティ）

文化遺産の種類、その文化的文脈によって一様ではないが、資産の文化的価値（上記の登録基準）が、下に示すような多様な属性における表現において真実かつ信用性を有する場合に、真正性の条件を満たしていると考えられ得る。
○形状、意匠
○材料、材質
○用途、機能
○伝統、技能、管理体制
○位置、セッティング（周辺の環境）
○言語その他の無形遺産
○精神、感性
○その他の内部要素、外部要素

完全性（インテグリティ）

自然遺産及び文化遺産とそれらの特質のすべてが無傷で包含されている度合を測るためのものさしである。従って、完全性の条件を調べるためには、当該資産が以下の条件をどの程度満たしているかを評価する必要がある。
a) 「顕著な普遍的価値」が発揮されるのに必要な要素（構成資産）がすべて含まれているか。
b) 当該物件の重要性を示す特徴を不足なく代表するために適切な大きさが確保されているか。
c) 開発及び管理放棄による負の影響を受けていないか。

他の類似物件との比較

当該物件を、国内外の類似の世界遺産、その他の物件と比較した比較分析を行わなければならない。比較分析では、当該物件の国内での重要性及び国際的な重要性について説明しなければならない。

必
要
条
件

十
分
条
件

Ⓒ 世界遺産総合研究所

複合遺産　登録基準

複合遺産の概要

　世界遺産委員会が定める世界遺産の登録基準(クライテリア)が設けられており、このうちの一つ以上の基準を完全に満たしていることが必要。複合遺産の場合、文化遺産関係(i)～(vi)のうちから一つ以上、自然遺産関係(vii)～(x)のうちから一つ以上の基準を満たすことが必要となる。

(i) 人類の創造的天才の傑作を表現するもの。
　　→人類の創造的天才の傑作

(ii) ある期間を通じて、または、ある文化圏において、建築、技術、記念碑的芸術、町並み計画、景観デザインの発展に関し、人類の価値の重要な交流を示すもの。
　　→人類の価値の重要な交流を示すもの

(iii) 現存する、または、消滅した文化的伝統、または、文明の、唯一の、または、少なくとも稀な証拠となるもの。→文化的伝統、文明の稀な証拠

(iv) 人類の歴史上、重要な時代を例証する、ある形式の建造物、建築物群、技術の集積、または、景観の顕著な例。
　　→歴史上、重要な時代を例証する優れた例

(v) 特に、回復困難な変化の影響下で損傷されやすい状態にある場合における、ある文化(または、複数の文化)或は、環境と人間との相互作用、を代表する伝統的集落、または、土地利用の顕著な例。
　　→存続が危ぶまれている伝統的集落、土地利用の際立つ例

(vi) 顕著な普遍的な意義を有する出来事、現存する伝統、思想、信仰、または、芸術的、文学的作品と、直接に、または、明白に関連するもの。
　　→普遍的出来事、伝統、思想、信仰、芸術、文学的作品と関連するもの

(vii) もっともすばらしい自然的現象、または、ひときわすぐれた自然美をもつ地域、及び、美的な重要性を含むもの。
　　→自然景観

(viii) 地球の歴史上の主要な段階を示す顕著な見本であるもの。これには、生物の記録、地形の発達における重要な地学的進行過程、或は、重要な地形的、または、自然地理的特性などが含まれる。
　　→地形・地質

(ix) 陸上、淡水、沿岸、及び、海洋生態系と動植物群集の進化と発達において、進行しつつある重要な生態学的、生物学的プロセスを示す顕著な見本であるもの。
　　→生態系

(x) 生物多様性の本来的保全にとって、もっとも重要かつ意義深い自然生息地を含んでいるもの。これには、科学上、または、保全上の観点から、すぐれて普遍的価値をもつ絶滅の恐れのある種が存在するものを含む。
　　→生物多様性

(注)　→ は、わかりやすい覚え方として、当シンクタンクが言い換えたものである。

シンクタンクせとうち総合研究機構

複合遺産　登録物件の登録基準一覧

物件名	国名	登録年	(i)	(ii)	(iii)	(iv)	(v)	(vi)	(vii)	(viii)	(ix)	(x)
◎ロペ・オカンダの生態系と残存する文化的景観	ガボン	2007年			◎						◎	◎
◎バンディアガラの絶壁（ドゴン族の集落）	マリ	1989年					◎		◎			
◎エネディ山地の自然と文化的景観	チャド	2016年			◎				◎		◎	
◎ンゴロンゴロ保全地域	タンザニア	1979年 2010年				◎			◎			
◎マロティードラケンスバーグ公園	南アフリカ レソト	2000年 2013年	◎		◎				◎			◎
◎タッシリ・ナジェール	アルジェリア	1982年	◎		◎				◎	◎		
◎ワディ・ラム保護区	ヨルダン	2011年			◎		◎		◎			
◎イラク南部の湿原	イラク	2016年			◎		◎				◎	◎
◎カンチェンジュンガ国立公園	インド	2016年			◎			◎	◎			◎
◎チャンアン景観遺産群	ヴェトナム	2014年					◎		◎	◎		
◎泰山	中国	1987年	◎	◎	◎	◎	◎	◎	◎			
◎黄山	中国	1990年		◎					◎			◎
◎楽山大仏風景名勝区を含む峨眉山風景名勝区	中国	1996年				◎		◎				◎
◎武夷山	中国	1999年			◎			◎	◎			◎
◎カカドゥ国立公園	オーストラリア	1981年 1987年 1992年	◎					◎	◎		◎	◎
◎ウィランドラ湖群地域	オーストラリア	1981年			◎					◎		
◎タスマニア原生地域	オーストラリア	1982年 1989年			◎	◎		◎	◎	◎	◎	◎
◎ウルルーカタ・ジュタ国立公園	オーストラリア	1987年 1994年					◎	◎	◎	◎		
◎トンガリロ国立公園	ニュージーランド	1990年 1993年						◎	◎	◎		
◎ロックアイランドの南部の干潟	パラオ	2012年			◎		◎		◎		◎	◎
◎ギョレメ国立公園とカッパドキアの岩窟群	トルコ	1985年	◎		◎		◎		◎			
◎ヒエラポリス・パムッカレ	トルコ	1988年			◎	◎			◎			
◎アトス山	ギリシャ	1988年	◎	◎		◎	◎	◎	◎			
◎メテオラ	ギリシャ	1988年	◎	◎		◎	◎		◎			
◎セント・キルダ	英国	1986年 2004年 2005年			◎		◎		◎		◎	◎
◎ピレネー地方ーペルデュー山	フランス スペイン	1997年 1999年			◎	◎	◎		◎	◎		
◎イビサの生物多様性と文化	スペイン	1999年		◎	◎	◎					◎	◎
◎オフリッド地域の自然・文化遺産	北マケドニア	1979年 1980年 2009年	◎		◎	◎			◎			
◎ラップ人地域	スウェーデン	1996年			◎		◎		◎	◎	◎	
◎ピマチオウィン・アキ	カナダ	2018年			◎			◎			◎	
◎パパハナウモクアケア	アメリカ合衆国	2010年			◎			◎		◎	◎	◎
◎テワカン・クィカトラン渓谷	メキシコ	2018年				◎						◎
◎カンペチェ州、カラクムルの古代マヤ都市と熱帯林保護区	メキシコ	2002年 2014年	◎	◎	◎	◎		◎			◎	◎
◎ティカル国立公園	グアテマラ	1979年	◎		◎	◎					◎	◎
◎ブルー・ジョン・クロウ山脈	ジャマイカ	2015年			◎			◎				◎
◎チリビケテ国立公園	コロンビア	2018年			◎						◎	◎
◎マチュ・ピチュの歴史保護区	ペルー	1983年	◎		◎				◎		◎	
◎リオ・アビセオ国立公園	ペルー	1990年 1992年			◎				◎		◎	◎
◎パラチとイーリャ・グランデ	ブラジル	2019年					◎					◎

複合遺産　真正（真実）性と完全性

真正（真実）性（Authenticity）とは、文化遺産の種類、その文化的文脈によって一様ではないが、物件の文化的価値が、下記の多様な属性における表現において、真正（真実）かつ信用性を有する場合に、真正（真実）性の条件を満たしていると考えられる。

○ 形状、意匠（form and design）
○ 材料、材質（materials and substance）
○ 用途、機能（use and function）
○ 伝統、技能、管理体制（traditions, techniques and management systems）
○ 位置、周辺環境（location and setting）
○ 言語その他の無形遺産（language, and other forms of intangible heritage）
○ 精神、感性（spirit and feeling）
○ その他の内部要素、外部要素（other internal and external factors）

完全性（Integrity）とは、文化遺産とその特質のすべてが無傷で保存されている度合いを測るための尺度である。完全性の条件を調べるためには、物件が以下の条件をどの程度満たしているかを点検・評価する必要がある。

a) 「顕著な普遍的価値」が発揮されるのに必要な要素（構成資産）がすべて含まれているか。
b) 物件の重要性を示す特徴を不足なく代表するための適切な大きさが確保されているか。
c) 開発及び管理放棄による負の影響を受けていないか。

複合遺産　他の類似物件との比較

世界遺産の登録推薦にあたっては、当該物件の登録の価値証明（Justification for Inscription）が求められる。

その「顕著な普遍的価値」の証明にあたって、該当すると思われる登録基準と根拠、真正（真実）性、完全性の証明と共に、当該物件と国内外の類似物件の世界遺産、その他の物件と比較した比較分析（Comparative analysis）を行なわなければならない。

比較分析では、当該物件の国内での重要性、及び国際的な重要性について説明することが求められる。

一方、世界遺産委員会の諮問機関のIUCNやICOMOSは、世界遺産委員会の要請によって、当該物件の審査及びプレゼンテーションの原則に則って、当該物件について、その保全状況を含む関連基準の全てを体系的に照らしあわせて相対的に評価することが求められる。

すなわち、当該物件のテーマ別研究に基づく国内外の同種の他の物件との比較を行なうことが求められている。

複合遺産　世界遺産委員会への諮問機関IUCN

IUCNとは、国際自然保護連合（The World Conservation Union、以前は、自然及び天然資源の保全に関する国際同盟＜International Union for Conservation of Nature and Natural Resources＞）の略称で、国連環境計画（UNEP）、ユネスコ（UNESCO）などの国連機関や世界自然保護基金（WWF）などの協力の下に、野生生物の保護、自然環境及び自然資源の保全に係わる調査研究、発展途上地域への支援などを行っているほか、絶滅のおそれのある世界の野生生物を網羅したレッド・リスト等を定期的に刊行している。

世界遺産との関係では、IUCNは、世界遺産委員会への諮問機関としての役割を果たしている。自然保護や野生生物保護の専門家のワールド・ワイドなネットワークを通じて、自然遺産に推薦された物件が世界遺産にふさわしいかどうかの専門的な評価、既に世界遺産に登録されている物件の保全状態のモニタリング（監視）、締約国によって提出された国際援助要請の審査、人材育成活動への支援などを行っている。

IUCN（会長　章新勝（Zhang Xinsheng）＜中国＞）は、1948年（昭和23年）に設立され、現在、90の国家会員，130の政府機関会員、1,131の国際NGOなどの民間団体、それに、170か国以上の15,000人にも及ぶ科学者や専門家などがユニークなグローバル・パートナーシップを構成しており、本部はスイスのグラン市にあり、世界の、50か国以上の事務所で約900人の専門スタッフで成り立っている。

IUCNの事務局長（2019年6月～）は、グレセル・アギラール博士（Dr Grethel Aguilar＜コスタリカ＞）。4年に1回、IUCNの総会である「世界自然保護会議」（World Conservation Congress）が開催される。第6回「世界自然保護会議」は、2020年6月11日～19日、マルセイユ（フランス）で開催される。

IUCNは、世界中の生物多様性の保護に取り組む専門家からなるボランティアネットワークである6つの専門委員会（種の保存委員会、世界保護地域委員会、生態系管理委員会、教育コミュニケーション委員会、環境経済社会政策委員会、環境法委員会）を有している。これらの委員会には、科学と学術分野における専門家がメンバーとなっている。これらの委員会は、自然保護に関する情報の収集、統合、管理、知識の共有といったIUCNの核となる活動に貢献している。

IUCNに対するわが国日本の拠出は、2019年度国家会員会費（義務的拠出金，外務省予算）55,776千円（493,601スイス・フラン）（この他に環境省が政府機関会費拠出）、外務省、環境省、日本自然保護協会、日本動物園水族館協会、WWFジャパン、日本野鳥の会、エルザ自然保護の会、人間環境問題研究会、自然環境研究センター、沖縄大学地域研究所、日本雁を保護する会、日本経団連自然保護協議会、生物多様性JAPAN、野生動物救護獣医師協会、日本ウミガメ協議会、カメハメハ王国、地球環境戦略研究機関、日本湿地ネットワーク、日本環境教育フォーラム、野生生物保全論研究会、ジュゴンキャンペーンセンター、コンサベーション・インターナショナル・ジャパン、バードライフ・アジアが加盟している。

IUCN日本委員会は、国家会員1（外務省）、政府機関1（環境省）および民間団体18団体からなっており、会長は渡邉綱男（一般財団法人　自然環境研究センター上級研究員）で、事務局は1988年から（公財）日本自然保護協会内におかれている。

複合遺産の概要

複合遺産の概要

複合遺産　Udvardy の「世界の生物地理地区の分類」

界（Realm）	地区数（Province）
● 新北海（The Nearctic Realm）	22
● 旧北界（The Palaearctic Realm）	44
● アフリカ熱帯界（The Africotropical Realm）	29
● インドマラヤ界（The Indomalayan Realm）	27
● オセアニア界（The Australian Realm）	13
● 南極界（The Antarctic Realm）	4
● 新熱帯界（The Neotropical Realm）	47

群系（Biome）
● 熱帯湿潤林（Tropical humidforests）
● 亜熱帯および温帯雨林（Subtropical and Temperate rain forests or woodlands）
● 温帯針葉樹林（Temperate needle leaf forests or woodlands）
● 熱帯乾燥林または落葉樹林（モンスーン林を含む） （Tropical dry or deciduous forests, including monsoon forests）
● 温帯広葉樹林および亜寒帯落葉低木密生林 （Temperate broad leaf forests or woodlands, and subpolar deciduous thicket）
● 常緑広葉樹林および低木林、疎林（Evergreen sclerophylous forests,scrubs or woodlands）
● 暖砂漠および半砂漠（Warm deserts and semideserts）
● 寒冬（大陸性）砂漠および半砂漠（Cold-winter（continental）deserts and semideserts）
● ツンドラ群集および極地荒原（Tundra communities and barren arctic desert）
● 熱帯草原およびサバンナ（Tropical grasslands and savannas）
● 温帯草原（Temperate grasslands）
● 複雑な地域区分を持つ山地・高地混在系 （Mixed mountain and highland systems with complex zonation）
● 島嶼混合系（Mixed island systems）
● 湖沼系（Lake systems）

（注）　1. Udvardyの「世界の生物地理地区の分類」は、IUCNがユネスコの「人間と生物圏（MAB）」計画
の為に1975年に作成し、世界遺産の比較分析や評価に使用されている。

2. 「世界の生物地理地区の分類」は、8つの界と各地区数の2段階区分と14の群系の組み合わせに
なっている。

複合遺産　IUCNの管理カテゴリー

Ia 厳正保護地域 （Strict Nature Reserve） と　Ib 原生自然地域 （Wildness Area）

学術研究、もしくは、原生自然の保護を主目的として管理される厳格な保護を必須とする地域。

例示：Iaベマラハ厳正自然保護区のチンギ（マダガスカル）、ウジュン・クロン国立公園(インドネシア)、
　　　ニュージーランドの亜南極諸島（ニュージーランド）、ゴフ島とイナクセサブル島（イギリス）、
　　　スレバルナ自然保護区（ブルガリア）、パンタナル保護地域（ブラジル）

　　　Ibエバーグレーズ国立公園(アメリカ合衆国)、ヨセミテ国立公園(アメリカ合衆国)、白神山地(日本)

II 国立公園 　（National Park）

自然・生態系の保護とレクリエションなどビジターの便宜を結びつけることを位置づけて管理される地域。

例示：　モシ・オア・トゥニャ(ヴィクトリア瀑布)（ザンビア／ジンバブエ）、キナバル公園（マレーシア）、
　　　小笠原諸島(日本)、サガルマータ国立公園(ネパール)、◎トンガリロ国立公園(ニュージーランド)、
　　　カナディアン・ロッキー山脈公園(カナダ)、イグアス国立公園(アルゼンチン／ブラジル)

III 天然記念物 　（Natural Monument）

特別な自然現象の保護を主目的として管理される地域 。

例示：　黄龍の自然景観および歴史地区（中国）、九寨溝の自然景観および歴史地区（中国）

IV 種と生息地管理地域 　（Habitat／Species Manegement Area）

管理を加えることによる保全を主目的として管理される地域で、事実上管理された自然保護地区では、管理者は、生物種や生息地を保護し、もし必要ならば、回復する介入する。

例示：　バレ・ドゥ・メ自然保護区（セイシェル）、◎ンゴロンゴロ保全地域（タンザニア）、
　　　マナス野生動物保護区（インド）、◎武夷山（中国）、◎タスマニア原生地域（オーストラリア）、
　　　◎セント・キルダ（イギリス）、バイカル湖（ロシア連邦）

V 景観保護地域 　（Protected Landscape／Seascape）

景観の保護とレクリエーションを主目的として管理される地域で、農地や、他の形態の土地利用と共に、文化があり、人が生活している景観の保護地域のこと。

例示：　チトワン国立公園（ネパール）、スイス・アルプス ユングフラウ-アレッチ（スイス）、
　　　エル・ヴィスカイノの鯨保護区（メキシコ）

VI 資源管理保護地域 　（Manegement Resource Protected Area）

自然の生態系の接続可能利用を主目的として管理される地域 で、主に地域の人々の利益のため、天然資源が利用できるよう、慎重に設定された保護地域のこと。

例示：　コモド国立公園（インドネシア）、雲南保護地域の三江併流（中国）、
　　　ヴァルデス半島（アルゼンチン）

◎複合遺産

複合遺産の概要

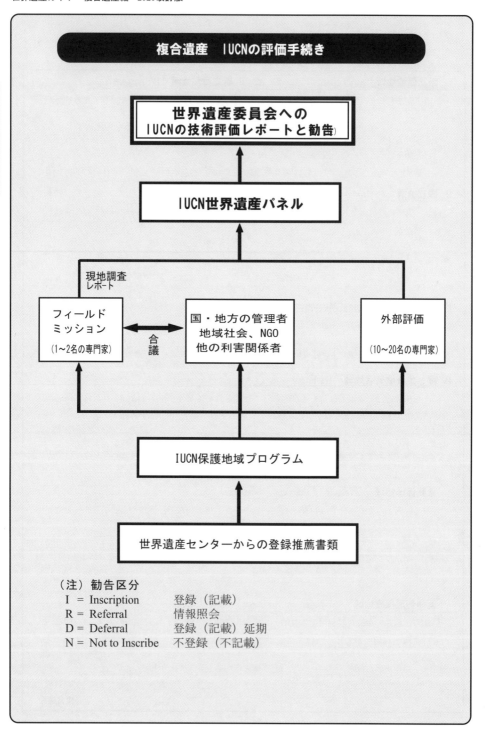

複合遺産　IUCNの評価手続き

世界遺産委員会への
IUCNの技術評価レポートと勧告)

IUCN世界遺産パネル

現地調査
レポート

フィールド
ミッション
（1～2名の専門家）

←合議→

国・地方の管理者
地域社会、NGO
他の利害関係者

外部評価
（10～20名の専門家）

IUCN保護地域プログラム

世界遺産センターからの登録推薦書類

（注）勧告区分
I ＝ Inscription　　　登録（記載）
R ＝ Referral　　　　情報照会
D ＝ Deferral　　　　登録（記載）延期
N ＝ Not to Inscribe　不登録（不記載）

複合遺産　IUCNの評価レポートの項目

文書資料	ⅰ）IUCNによる登録推薦書類受理日 ⅱ）締約国からの要請・受理した追加情報の有無 ⅲ）IUCN／WCMCのデータ・シート ⅳ）追加文献 ⅴ）協議資料 ⅵ）現地調査 ⅶ）本レポートのIUCNの承認日
自然の価値の要約	・概要 ・構成資産
他の地域との比較	
完全性、保護管理	□ 保護 □ 境界（コア・ゾーンとバッファー・ゾーン） □ 管理 □ コミュニティ（地域社会） □ 脅威
追加のコメント	シリアル・ノミネーション、登録物件名など
登録基準の適用	・申請された登録基準、根拠、IUCNの所見
勧　告	・世界遺産委員会への勧告

複合遺産の概要

複合遺産の概要

複合遺産　世界遺産委員会の諮問機関　ICOMOS

　ICOMOS（International Council of Monuments and Sites　国際記念物遺跡会議）は、本部をフランス、パリに置く国際的な非政府組織（NGO）である。1965年に設立され、建築遺産及び考古学的遺産の保全のための理論、方法論、そして、科学技術の応用を推進することを目的としている。1964年に制定された「記念建造物および遺跡の保全と修復のための国際憲章」（ヴェネチア憲章）に示された原則（「歴史的記念物」、「保存」、「復原」、「発掘」、「公表」の概念や考え方）を基盤として活動している。

　ICOMOSの国際学術委員会には、岩画、木造、石造、土造建築遺産、壁画、ヴィトロ・ステンド・グラス、要塞と軍事遺産、歴史都市、文化的景観、文化の道、20世紀の遺産、太平洋諸島、水中文化遺産、極地遺産、無形文化遺産、保存・修復の哲学、考古学遺産管理、建築遺産の構造の分析と修復、遺跡・モニュメントの遺物の保存修復、防災管理、文化観光、国際研修、解説とプレゼンテーション、法律・管理・財務問題などの各委員会がある。

　国際条約との関わりでは、ユネスコの世界遺産条約、水中文化遺産保護条約、無形文化遺産保護条約、武力紛争の際の文化財の保護の為の条約（通称：ハーグ条約）との関わりが深い。

　世界遺産条約に関するICOMOSの役割は、「世界遺産リスト」への登録推薦物件の審査、文化遺産の保存状況の監視、世界遺産条約締約国から提出された国際援助要請の審査、人材育成への助言及び支援などである。

複合遺産　世界遺産委員会の諮問機関　ICCROM

　ICCROM（International Centre for the Study of the Preservation and Restoration of Cultural Property文化財保存及び修復の研究のための国際センター）は、本部をイタリア、ローマにおく国際的な政府間機関（IGO）である。

　1956年のニュー・デリーでの第9回ユネスコ総会では、文化遺産の保護と保存についての関心が高まり、国際的な機関を創立することが決められ、1959年にローマに設立された。通称、ローマセンターと呼ばれている。わが国は、1967年にICCROMに加盟している。

　ICCROMは、不動産・動産の文化遺産の保全強化を目的とした研究、記録、技術支援、研修、普及啓発を行うことを目的としている。

　世界遺産条約に関するICCROMの役割は、文化遺産に関する研修において主導的な役割を果たしている協力機関であること、文化遺産の保存状況の監視、世界遺産条約締約国から提出された国際援助要請の審査、人材育成への助言及び支援などである。

複合遺産　文化遺産のカテゴリー別類型

	遺　跡	建造物群	モニュメント
考古学遺産	使用或は占有されていない土塁、埋葬地、洞窟住居、要塞、墓地、道等	使用或は占有されていない町村集落、要塞等	使用或は占有されていない土塁、農場、別荘、寺院群、公共建造物群、要塞等を含む 個々のモニュメント
岩画遺跡	絵画、彫刻等を含む洞窟、岩窟、野外場		
人類化石遺跡	骸骨や初期人類が占有したことがわかる個々の遺跡や景観		
歴史的建造物群とアンサンブル			個々のモニュメント、モニュメント群、芸術作品
都市と田舎の集落歴史的町並み		町、タウンセンター、村、コミュニティの住居群	
土地固有の建築物	土地固有の集落がある文化的景観	伝統的建造物群	伝統的な建設システムと技術を使用した伝統的建造物群
宗教物件	宗教或は精神的関連物がある遺跡：聖地、神聖な景観、或は、聖的な特徴がある景観	宗教或は、精神的に関連がある聖地がある歴史的集落や町	教会群、修道院群、神社群、聖地、モスク、シナゴーク、寺院等宗教或は精神的価値と関連した建造物群
農業、工業、産業・技術物件	田畑のシステム、葡萄畑、農業景観、ダムや灌漑等の水管理システム、鉱山、採掘景観、運河、鉄道等	農業集落工業集落	工場、橋、ダムや灌漑などの水管理システム
軍事物件	防御システム	宮殿、町の要塞、防御システム等	城、要塞、宮殿等
文化的景観公園と庭園	意匠され意図的に創造されたと明らかに定義できる景観、有機的に進化する景観、自然的要素が強い宗教、芸術、文化などの事象と関連する文化的景観		モニュメントと関連した庭園
文化の道	巡礼道、交易路、道、運河、鉄道等		
埋蔵文化財と遺跡	埋葬地、石塚、陵、墓、慰霊碑、墓地等がある広域な地域、或は文化的景観		土塁、石塚、陵、墓、慰霊碑、墓地等
象徴的な物件とメモリアル	信仰、個人或は出来事と関連する景観、或は広大な地域	信仰。個人或は出来事と関連した集落や町	信仰、個人或は出来事と関連した推薦或は登録されたモニュメン
近代化遺産	19世紀後半以降の文化的景観	19世紀後半以降の町、都市、或は田舎	19世紀後半以降の建造物群、芸術作品、産業物件

＜出所＞ ICOMOSの資料 " The World Heritage List : Filling the Gaps-an action plan for the future" などを基に作成

複合遺産の概要

複合遺産の概要

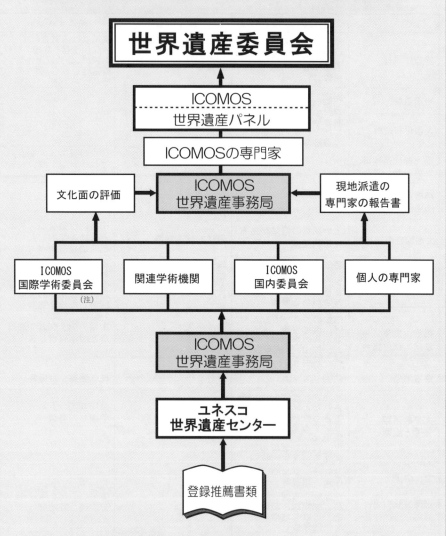

複合遺産　ICOMOSの評価手続き

世界遺産委員会

ICOMOS
世界遺産パネル

ICOMOSの専門家

文化面の評価 ← ICOMOS
世界遺産事務局 ← 現地派遣の
専門家の報告書

ICOMOS
国際学術委員会
(注)　｜　関連学術機関　｜　ICOMOS
国内委員会　｜　個人の専門家

ICOMOS
世界遺産事務局

ユネスコ
世界遺産センター

登録推薦書類

<参考文献> 1. 世界遺産条約履行の為の作業指針（オペレーショナル・ガイドラインズ）
2. ICOMOSの世界遺産業務遂行の為の方針

(注) ICOMOSの国際学術委員会には、岩画、木造、石造、土造建築遺産、壁画、ヴィトロ・ステンド・グ
ラス、要塞と軍事遺産、歴史都市、文化的景観、文化の道、20世紀の遺産、太平洋諸島、水中文化
遺産、極地遺産、無形文化遺産、保存・修復の哲学、考古学遺産管理、建築遺産の構造の分析と修
復、遺跡・モニュメントの遺物の保存修復、防災管理、文化観光、国際研修、解説とプレゼンテー
ション、法律・管理・財務問題などの各委員会がある。

複合遺産　ICOMOSの評価レポートの項目

・締約国によって提案された公式名
・所在地
・概要
・物件のカテゴリー

基本データ	暫定リスト記載日、登録準備の為の世界遺産基金からの国際援助の有無、世界遺産センターの受理日、背景、ICOMOSの協議機関、参考文献、技術評価ミッションの調査、締約国からの要請・受理した追加情報の有無、本レポートのICOMOSの承認日
物　件	・概要 ・歴史と推移
顕著な普遍的価値 完全性、真正(真実)性	・完全性と真正(真実)性 ・比較分析 ・顕著な普遍的価値の証明
物件に影響を 与える要因	・開発圧力 ・観光圧力 ・環境圧力、自然災害、気候変動
保護、保存管理	・登録遺産とバッファーゾーンの境界 ・所有権 ・保護 ・保存 ・管理
モニタリング	・当該物件の継続的な監視体制
結　論	・登録（記載）に関する勧告 (25頁参照)

備考　複合遺産と文化的景観との違いの例示

複合遺産

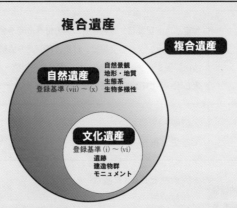

<定義>自然遺産と文化遺産の両方の登録基準を満たす「顕著な普遍的価値」を有する
　　　世界自然文化遺産
<必要条件>自然遺産の登録基準 (vii) ～ (x) のうち、少なくとも1つの基準
　　　　　 文化遺産の登録基準 (i) ～ (vi) のうち、少なくとも1つの基準
　　　　　 の両方を満たすこと。

文化的景観

<定義>自然と人間との共同作品である「顕著な普遍的価値」を有する世界文化遺産
<必要条件>文化遺産の登録基準 (i) ～ (vi) のうち、少なくとも1つの基準
　　　　　 を満たすこと。

世界遺産に登録されている複合遺産

カンチェンジュンガ国立公園（インド）
2016年登録
登録基準 (iii)(vi)(vii)(x)

ロペ・オカンダの生態系と残存する文化的景観

登録物件名	**Ecosystem and Relict Cultural Landscape of Lope-Okanda**
遺産種別	複合遺産

登録基準　(iii) 現存する、または、消滅した文化的伝統、または、文明の、唯一の、または、少なくとも稀な証拠となるもの。
　　　　　(iv) 人類の歴史上重要な時代を例証する、ある形式の建造物、建築物群、技術の集積、または、景観の顕著な例。
　　　　　(ix) 陸上、淡水、沿岸、及び、海洋生態系と動植物群集の進化と発達において、進行しつつある重要な生態学的、生物学的プロセスを示す顕著な見本であるもの。
　　　　　(x) 生物多様性の本来的保全にとって、もっとも重要かつ意義深い自然生息地を含んでいるもの。これには、科学上、または、保全上の観点から、すぐれて普遍的価値をもつ絶滅の恐れのある種が存在するものを含む。

登録年月　2007年7月（第31回世界遺産委員会クライスト・チャーチ会議）

登録遺産の面積　コア・ゾーン　491,291ha　バッファー・ゾーン　150,000ha

登録遺産の概要　ロペ・オカンダの生態系と残存する文化的景観は、ガボン中央部のオゴウェ・イヴィンド州とオゴウェ・ロロ州にある登録面積（コア・ゾーン）が491,291ha　バッファー・ゾーンが150,000haの複合遺産で、熱帯雨林、それに1万5千年前の氷河期に形成され残存したサバンナの森林生態系と、ニシローランドゴリラ、マンドリル、チュウオウチンパンジー、クロコロブスなど絶滅の危機にさらされている哺乳類の生息地を含む豊かな生物多様性を誇る。また、長期にわたってバンツー族やピグミー族などの民族がここを居住地としたため、新石器時代と鉄器時代の遺構や、1800点もの岩石画が、オゴウェ川渓谷のデューダ、コンゴ・ブンバー、リンディリ、エポナなどの丘陵、洞窟、岩壁に残されている。これらは、オゴウェ川渓谷沿いの西アフリカからコンゴの密林の北部やアフリカの中央部や南部へ移住しサハラ以南の発展を形成した民族移動の主要ルートであったことを反映するものである。ロペ・オカンダの生態系と残存する文化的景観は、ガボン初の世界遺産である。

分類　遺跡、文化的景観、生態系（森林）、生物多様性

生物地理地区　アフリカ熱帯界　コンゴ雨林
IUCNの管理カテゴリー　II. 国立公園（National Park）
　　　　　　　　　　　III. 天然記念物（Natural Monument）

物件所在地　ガボン共和国／オゴウェ・イヴィンド州とオゴウェ・ロロ州
保護　●ロペ・オカンダ野生生物保護区（1946年）
　　　●ロペ国立公園（2002年）
管理　●国立公園最高評議会（High Council of National Parks）
　　　●国立公園局（National Parks Agency）
　　　●文化芸術省（Ministry of Culture & Arts）
利活用　エコ・ツーリズム

世界遺産を取り巻く脅威や危険　●伐木　●動物の殺害　●エボラ・ウイルス　●レンジャーの不足　●密猟　●ダイアモンドの採掘
ビジター・センター　ミコンゴ保護センター（Mikongo Conservation Center）
学術研究施設　ゴリラ・チンパンジー研究ステーション

参考URL　**http://whc.unesco.org/en/list/1147**

オゴウェ川渓谷と丘陵

北緯0度30分　東経11度30分
標高　75m〜960m（シャイオ山）

交通アクセス　●首都リーブルビルの東、約290 km、オゴウェ川河畔のボウエの西、20 km。

バンディアガラの絶壁（ドゴン族の集落）

登録物件名	**Cliff of Bandiagara**（Land of the Dogons）
遺産種別	**複合遺産**

登録基準 　(v) 特に、回復困難な変化の影響下で損傷されやすい状態にある場合における、ある文化（または、複数の文化）或は、環境と人間の相互作用、を代表する伝統的集落、または、土地利用の顕著な例。

　　　　　(vii) もっともすばらしい自然的現象、または、ひときわすぐれた自然美をもつ地域、及び、美的な重要性を含むもの。

登録年月 　1989年12月 （第13回世界遺産委員会パリ会議）

登録遺産の面積 　327,390ha

アフリカ

登録遺産の概要 　バンディアガラの絶壁は、マリの首都バマコの北東480km、サハラ砂漠の南縁のサヘル（岸辺）と呼ばれる乾燥サバンナ地帯にある。バンディアガラの絶壁は、モプティ地方のサンガ地区にそびえるバンディアガラ山地にあり、ニジェール川の大彎曲部に面した、独特の景観を誇る標高差500mの花崗岩の断崖である。この地に1300年頃に住み着いたドゴン族は、この絶壁の上下に、土の要塞ともいえる集落を作って、外敵から身を守った。また、バンディアガラの絶壁の麓にはソンゴ村の集落がある。トウモロコシ、イネ、タマネギなどの作物を収める赤い粘土で造られた穀物倉を設け、絶壁の中腹には、ドゴン族の壮大な宇宙と「ジャッカル占い」など神話の世界に則った墓や社を造り、先祖の死者の霊を祀る。ドゴン族の神聖なる伝統的儀式では、動物、鳥、オゴン（ドゴン族の最長老）、トーテムなど90種にも及ぶ美しい仮面を用いて、仮面の踊りを繰り広げ、独特のドゴン文化を形成する。60年に1回行われるドゴン族最大の行事である壮大な叙事詩シギの祭り（次回は2027年）は、シリウス星が太陽と共に昇る日に行われる。

分類	建造物群（伝統的建造物群）、自然景観
生物地理地区	アフリカ熱帯界 西サヘル
IUCNの管理カテゴリー	III. 天然記念物 （Natural Monument）
物件所在地	マリ共和国／バンディアガラ地方
所有者	マリ国家、一部民有地（サンガの住民）
保護	●美術品の輸出規制法（1969年）　●文化遺産の保護と促進法（1985年） ●考古学的発掘規制に関する法律（1985年）　●文物輸出制限法（1986年）
管理	バンディアガラ文化ミッション
利活用	観光、ロケ地
世界遺産を取り巻く脅威や危険	●干ばつ　●砂漠化　●人口の爆発的な増加　●森林伐採 ●過放牧による草地の減少　●無秩序な観光
レストハウス	サンガとバンディアガラにある。
博物館	●マリ国立博物館　所在地　バマコ（首都） ●国立アフリカ美術館　所在地　ワシントン(アメリカ合衆国)
伝統文化	●神話　●儀礼、舞踊(仮面文化)　●染織　●青銅、真鍮像　●壁画
課題	世界遺産の登録範囲、コア・ゾーンとバッファー・ゾーンとの境界の明確化
備考	バンディアガラの絶壁は、ドゴン族の研究で知られるフランスの民族学者マルセル・グリオール（1898〜1956年）の著書等を通じて、有名になった。
参考URL	**http://whc.unesco.org/en/list/516**

バンディアガラの絶壁の麓のドゴン族の集落ソンゴ村

北緯14度19分　西経3度25分　標高 518m〜777m（バンバ山）

交通アクセス　●モプティから車。

エネディ山地の自然と文化的景観

登録物件名	**Ennedi Massif : Natural and Cultural Landscape**
遺産種別	複合遺産

登録基準　(iii) 現存する、または、消滅した文化的伝統、または、文明の、唯一の、または、少なくとも稀な証拠となるもの。

　　　　　(vii) もっともすばらしい自然的現象、または、ひときわすぐれた自然美をもつ地域、及び、美的な重要性を含むもの。

　　　　　(ix) 陸上、淡水、沿岸、及び、海洋生態系と動植物群集の進化と発達において、進行しつつある重要な生態学的、生物学的プロセスを示す顕著な見本であるもの。

登録年月　2016年10月　（第40回世界遺産委員会パリ会議）

登録遺産の面積　コア・ゾーン　2,441,200ha　バッファー・ゾーン　777,800ha

登録遺産の概要　エネディ山地の自然と文化的景観は、チャドの北東部、東エネディ州と西エネディ州にまたがり、サハラ砂漠にある砂岩の山塊は、時間の経過と共に、風雨による浸食で、峡谷や渓谷が特徴的な高原・台地になり、絶壁、天然橋、尖峰群などからなる壮観な景観を呈している。世界遺産の登録面積は2,441,200ha、バッファー・ゾーンは777,800haである。風雨による浸食を受けた奇岩群が点在し、アルシェイのゲルタをはじめとする渓谷があり、先史時代の岩絵が残っていることでも知られる。エネディ山地の岩絵は、新しい時代のもの、馬の時代、ラクダの時代の壁画が美しく生き生きと表現されており、色素の材料はオークル（黄土）、岩石、卵、乳を使い、それをアカシアの樹液を用いて保護しており、サハラ砂漠の岩絵では最大級の一つである。

分類　　　　　遺跡、文化的景観、生態系

物件所在地　　東エネディ州／西エネディ州

保護　　　　　森林、動物、漁業資源に関する法律　（14/PR/2008）
　　　　　　　環境に関する法律　（14/PR/98）

管理　　　　　スルタンによる伝統的な管理

世界遺産を取り巻く脅威や危険
- 石油採掘
- 化石の搾取
- 廃棄物
- 観光関連の開発
- ファダ（エネディ州の州都）でのホテル建設

備考　　　　　エネディ山地は「サハラのエデンの園」という異名を持つ。

参考URL　　　**http://whc.unesco.org/en/list/1475**

エネディ山地の自然と文化的景観

アフリカ

北緯17度2分　東経21度51分

交通アクセス　●東エネディ州の州都アムジャラス、或は、西エネディ州の州都ファダ
から車。

ンゴロンゴロ保全地域

登録物件名	**Ngorongoro Conservation Area**
遺産種別	複合遺産

登録基準　(iv) 人類の歴史上重要な時代を例証する、ある形式の建造物、建築物群、技術の集積、または、景観の顕著な例。

(vii) もっともすばらしい自然の現象、または、ひときわすぐれた自然美をもつ地域、及び、美的な重要性を含むもの。

(viii) 地球の歴史上の主要な段階を示す顕著な見本であるもの。これには、生物の記録、地形の発達における重要な地学的進行過程、或は、重要な地形的、または、自然地理的特性などが含まれる。

(ix) 陸上、淡水、沿岸、及び、海洋生態系と動植物群集の進化と発達において、進行しつつある重要な生態学的、生物学的プロセスを示す顕著な見本であるもの。

(x) 生物多様性の本来的保全にとって、もっとも重要かつ意義深い自然生息地を含んでいるもの。これには、科学上、または、保全上の観点から、すぐれて普遍的価値をもつ絶滅の恐れのある種が存在するものを含む。

登録年月　　1979年10月　（第3回世界遺産委員会ルクソール会議）自然遺産として登録
　　　　　　2010年 8月　（第34回世界遺産委員会ブラジリア会議）
　　　　　　　　　　　　文化遺産としての価値も認められ複合遺産に変更

登録遺産の面積 809,440ha

登録遺産の概要 ンゴロンゴロ保全地域は、タンザニアの北部、アルーシャ州に広がる。ンゴロンゴロ山の面積264km²の火口原を中心とした南北16km、東西19kmの大草原。外輪山の高さは800m、火口原には、キリン、ライオン、クロサイなど多くの動物が、クレーターの湖や沼には、カバ、水牛、フラミンゴが生息、保全地域の西端のオルドゥヴァイ峡谷では、アウストラロピテクス・ボイセイやホモ・ハビリスなど直立歩行をした人類最古の頭蓋骨も出土している。ンゴロンゴロ保全地域は、2010年の第34回世界遺産委員会ブラジリア会議で、オルドゥヴァイ峡谷の発掘調査によって、360万年前の初期人類の二足歩行の足跡が発見されたラエトリ遺跡の文化遺産としての価値が評価され、複合遺産になった。

分類	遺跡、自然景観、地形・地質、生態系、生物多様性

生物地理地区	East African Woodland／savannna
IUCNの管理カテゴリー	VI 資源管理保護地域（Managed Resource Protected Area）

物件所在地	タンザニア共和国／アルーシャ州
管理	ンゴロンゴロ保全地域管理局（NCAA）
保護	ンゴロンゴロ保全地域（1959年）
利活用	エコ・ツーリズム

世界遺産を取り巻く脅威や危険
　　　　　　●観光開発
　　　　　　●人間の定住
　　　　　　●放牧
　　　　　　●外来種の侵入

参考URL	**http://whc.unesco.org/en/list/39**

アフリカ

ンゴロンゴロ保全地域は、南北16km、東西19kmの大草原

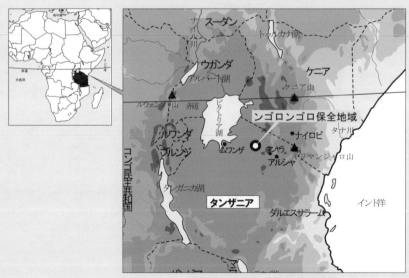

南緯3度11分13秒　東経35度32分26秒

交通アクセス　●州都アルシャから車で4時間。チャーター・フライトで1時間。
　　　　　　　●マンヤラから車で2時間。

マロティ-ドラケンスバーグ公園

登録物件名	**Maloti-Drakensberg Park**
遺産種別	複合遺産

登録基準　(i) 人類の創造的天才の傑作を表現するもの。
(iii) 現存する、または、消滅した文化的伝統、または、文明の、唯一の、または、少なくとも稀な証拠となるもの。
(vii) もっともすばらしい自然的現象、または、ひときわすぐれた自然美をもつ地域、及び、美的な重要性を含むもの。
(x) 生物多様性の本来的保全にとって、もっとも重要かつ意義深い自然生息地を含んでいるもの。これには、科学上、または、保全上の観点から、すぐれて普遍的価値をもつ絶滅の恐れのある種が存在するものを含む。

登録年月　2000年12月　（第24回世界遺産委員会ケアンズ会議）
2013年 6月　（第37回世界遺産委員会プノンペン会議）
レソト共和国を加え、登録範囲を拡大、登録遺産名変更

登録遺産の面積　249,313ha　　バッファー・ゾーン　46,630ha

登録遺産の概要　マロティ・ドラケンスバーグ公園は、レソトの南東部のクァクハスネック県と南アフリカの南東部のクワズール・ナタール州の山岳地帯にある。マロティ・ドラケンスバーグ公園は、3000m級の秀峰、緑に覆われた丘陵、玄武岩や砂岩の断崖、渓谷など変化に富んだ地形と雄大な自然景観を誇る。また、ブラック・ワイルドビースト、多様なレイヨウ種、バブーン（ヒヒ）の動物種、絶滅の危機に瀕している獰猛なヒゲハゲタカなど多くの野鳥、貴重な植物種が生息しており、ラムサール条約の登録湿地にもなっている。文化面では、ドラケンスバーグの山岳地帯に住んでいた先住民のサン族が4000年以上にもわたって描き続けた岩壁画が、メイン洞窟やバトル洞窟などの洞窟に数多く残っており、当時の彼等の生活や信仰を知る上での重要な手掛かりとなっている。2013年にレソトと南アフリカの2か国にまたがるマロティ・ドラケンスバーグ山脈にあるセサバテーベ国立公園を登録範囲に含め拡大した。セサバテーベ国立公園には、サン族の少なくとも65の彩色された岩絵遺跡が残されいる。登録遺産名も、マロティ・ドラケンスバーグ公園に変更された。

分類	遺跡(岩画)、自然景観、生物多様性
生物地理地区	アフリカ熱帯界 南アフリカ高原
IUCNの管理カテゴリー	II. 国立公園 （National Park） Ib. 原生自然地域 （Wilderness Areas）
物件所在地	南アフリカ共和国／クワズール・ナタール州 レソト共和国／クァクハスネック県
保護	●オカシュランバ・ドラケンスバーグ公園 （1993年） ●セサバテーベ国立公園 （1969年）
管理	●ナタール公園局 （Natal Parks Board） ●クワズール・ナタール自然保護サービス （KNNCS）
利活用	観光

世界遺産を取り巻く脅威や危険
●外来植物の侵入　　●土壌侵食　　●観光圧力

参考URL　http://whc.unesco.org/en/list/985

4000年以上も前に描かれたサン族の岩画

ドラケンスバーグ公園内にある円形劇場のような断崖のアンフィシアター

アフリカ

南緯29度45分55秒　東経29度7分23秒

交通アクセス　●ダーバンから車で約2時間。ヨハネスブルグから車で約4時間。

タッシリ・ナジェール

登録物件名	**Tassili n'Ajjer**
遺産種別	**複合遺産**

登録基準
(i) 人類の創造的天才の傑作を表現するもの。
(iii) 現存する、または、消滅した文化的伝統、または、文明の、唯一の、または、少なくとも稀な証拠となるもの。
(vii) もっともすばらしい自然的現象、または、ひときわすぐれた自然美をもつ地域、及び、美的な重要性を含むもの。
(viii) 地球の歴史上の主要な段階を示す顕著な見本であるもの。これには、生物の記録、地形の発達における重要な地学的進行過程、或は、重要な地形的、または、自然地理的特性などが含まれる。

登録年月　　　1982年12月（第6回世界遺産委員会パリ会議）

登録遺産の面積　7,200,000ha

登録遺産の概要　タッシリ・ナジェールは、アルジェリアの南部、リビア、ニジェール、マリとの国境に近いサハラ砂漠の中央部のイリジ県、タマンラセット県にまたがる砂岩の台地。タッシリ・ナジェールには、20000点近い新石器時代の岩壁画が残っている。タッシリ・ナジェールの岩壁には、ウシ、ウマ、ヒツジ、キリン、ライオン、サイ、ゾウ、ガゼル、ラクダなどの動物、狩猟、戦闘、牧畜、舞踏などの場面が描かれ、タッシリ・ナジェールが「河川の台地」を意味する様に、太古のサハラが緑豊かな草原であったことがわかる。タッシリ・ナジェールの岩壁画は、地勢や描かれている絵の特徴から、リビアの「タドラート・アカクスの岩絵」（1985年 世界遺産登録）と共通のものであろうと推測されている。サハラ原始美術の宝庫であるタッシリ・ナジェールは、岩壁画だけではなく、岩山が複雑に入り組んだ地形・地質のみならず、自然景観やイエリル峡谷の美しさも見逃せない。また、イエリル渓谷とゲルタテ・アフィラは、ラムサール条約の登録湿地になっている。

分類　　　　　遺跡（岩画）、自然景観、地形・地質

生物地理地区　旧北界 サハラ
IUCNの管理カテゴリー　II. 国立公園（National Park）

物件所在地　　アルジェリア民主人民共和国／イリジ県、タマンラセット県
所有者　　　　アルジェリア国家
　　　　　　　　牧草地　地元遊牧民
　　　　　　　　オアシス　定住部族

保護　　　　●ジャネット・タムリット高原国立公園（1972年）
　　　　　　　●国の史跡（1979年）
　　　　　　　●ユネスコ生物圏保護区（1986年）
　　　　　　　●アハガル山脈国立公園（1987年）
　　　　　　　●イエリル渓谷とゲルタテ・アフィラ（ラムサール条約登録湿地）（2001年／2003年）

アラブ塩国

管理	●タッシリ国立公園事務所（Office du Parc national du Tassili　略称OPNT） ●文化省文化遺産局（Direction Du Patrimoine Culturel, Ministere De La Culture）
利活用	観光、ロケ地
舞台作品	●イングリッシュ・ペイシェント（1996年米アカデミー賞受賞作品）

世界遺産を取り巻く脅威や危険

●観光客によるゴミ
●収集家、土産行商人等による遺跡、岩画への破壊行為
●浸食、劣化
●気候変動
●ヒノキなどの植物種の絶滅
●環境汚染

博物館	メトロポリタン美術館　ニューヨーク
課題	世界遺産の登録範囲、コア・ゾーンとバッファー・ゾーンとの境界の明確化
備考	タッシリ・ナジェールの岩壁画は、1933年に、フランスの軍人シャルル・ブレナン中尉によって発見された。
参考URL	http://whc.unesco.org/en/list/179 http://www.fjexpeditions.com

アラブ諸国

タムリットの幻想的な砂岩の尖塔

セファー・ワジ (Sefar wadi)

ティン・タザリフト (Tin Tazarift) の岩壁

ティン・タザリフト（Tin Tazarift）の岩壁画「泳ぐ人」

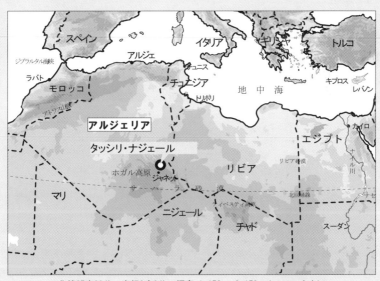

北緯25度30分　東経9度0分　標高 1,150m〜2,158m（アファオ山）

交通アクセス　●ジャネットから車と徒歩。

ワディ・ラム保護区

登録物件名	**Wadi Rum Protected Area**	
遺産種別	複合遺産	
登録基準	(iii)	現存する、または、消滅した文化的伝統、または、文明の、唯一の、または、少なくとも稀な証拠となるもの。
	(v)	特に、回復困難な変化の影響下で損傷されやすい状態にある場合における、ある文化（または、複数の文化）或は、環境と人間の相互作用、を代表する伝統的集落、または、土地利用の顕著な例。
	(vii)	もっともすばらしい自然的現象、または、ひときわすぐれた自然美をもつ地域、及び、美的な重要性を含むもの。

登録年月　　　 2011年6月（第35回世界遺産委員会パリ会議）

登録遺産の面積　74,189ha　　　バッファー・ゾーン　59,177ha

登録遺産の概要　ワディ・ラム保護区は、ヨルダンの南部、サウジアラビアとの国境地域のアカバ特別経済地域にある。ワディ・ラム保護区は、狭い峡谷、自然のアーチ、赤砂岩の塔状の断崖、斜面、崩れた土砂、洞窟群からなる変化に富んだ「月の谷」の異名をもつ荘厳な砂漠景観が特徴である。ワディ・ラム保護区の岩石彫刻、碑文群、それに考古学遺跡群は、人間が住み始めてから12,000年の歴史と自然環境との交流を物語っている。20,000の碑文群がある25,000の岩石彫刻群の結び付きは、人間の思考の進化やアルファベットの発達の過程を辿ることが出来る。ワディ・ラム保護区は、アラビア半島における、遊牧、農業、都市活動の進化の様子を表している。「ワディ・ラムのベドウィン族の文化的空間」は、2008年に世界無形文化遺産の「代表リスト」に登録されている。

分類	遺跡、文化的景観、自然景観
生物地理地区	Sudaniam
IUCNの管理カテゴリー	Ia（Strict Nature Reserve）
物件所在地	ヨルダン・ハシミテ王国／アカバ特別経済地域
保護	●環境保護法第52号（2006年） ●文化財法第21号（1988年）
管理	アカバ特別経済地域管理局（ASEZA）
利活用	遊牧、農業、観光
映画の舞台	アラビアのロレンス（1962年）

世界遺産を取り巻く脅威や危険
　　　　　　　　●鉱山開発
　　　　　　　　●開発圧力
　　　　　　　　●水質汚染
　　　　　　　　●地震
　　　　　　　　●洪水
　　　　　　　　●干ばつ

備考	「ワディ・ラムのベドウィン族の文化的空間」は、2008年に世界無形文化遺産の「代表リスト」に登録されている。
参考URL	**http://whc.unesco.org/en/list/1377**

アラブ塩国

「月の谷」の異名をもつ荘厳な砂漠景観を誇るワディ・ラム保護区

アラブ諸国

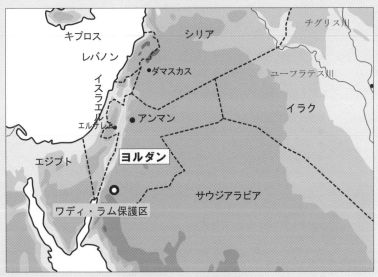

北緯29度39分23秒　東経36度26分2秒

交通アクセス ●アンマンから車で砂漠のハイウェイで約3.5時間。

イラク南部の湿原：生物多様性の安全地帯とメソポタミア都市群の残存景観

登録物件名		The Ahwar of Southern Iraq: Refuge of Biodiversity and the Relict Landscape of the Mesopotamian Citie
遺産種別		複合遺産
登録基準	(iii)	現存する、または、消滅した文化的伝統、または、文明の、唯一の、または、少なくとも稀な証拠となるもの。
	(v)	特に、回復困難な変化の影響下で損傷されやすい状態にある場合における、ある文化
	(ix)	陸上、淡水、沿岸、及び、海洋生態系と動植物群集の進化と発達において、進行しつつある重要な生態学的、生物学的プロセスを示す顕著な見本であるもの。
	(x)	生物多様性の本来的保全にとって、もっとも重要かつ意義深い自然生息地を含んでいるもの。これには、科学上、または、保全上の観点から、すぐれて普遍的価値をもつ絶滅の恐れのある種が存在するものを含む。
登録年月		2016年10月（第40回世界遺産委員会パリ会議）
登録遺産の面積		211,544ha　　バッファー・ゾーン　209,321ha

登録遺産の概要 イラク南部の湿原：生物多様性の安全地帯とメソポタミア都市群の残存景観は、イラクの南部、ムサンナー県、ディヤーラー県、マイサーン県、バスラ県にある。イラク南部の湿原は、他に類を見ない歴史的、文化的、環境的、水文学的、社会経済的な特徴があり、世界中でもっとも重要な湿地生態系のひとつと考えられている。世界遺産の登録面積は211,544ha、バッファー・ゾーンは209,321haであり、フワイザ湿原、中央湿原、東ハンマール湿原、西ハンマール湿原の4つの湿原地域、それに、紀元前4000年〜3000年に、チグリス川とユーフラテス川との間の三角州に発達したシュメール人の都市や集落であったウルク考古都市、ウル考古都市、テル・エリドゥ考古学遺跡の3つの遺跡群が構成資産である。旧イラク政権下において、この湿原地域の生態系が広範囲にわたって破壊された。イラク南部の湿原地域では、油田も開発されており、世界遺産を取り巻く脅威や危険になっている。

分類	遺跡群、モニュメント群、生態系、生物多様性
物件所在地	ムサンナー県、ディヤーラー県、マイサーン県、バスラ県
構成資産	●フワイザ湿原 (The Iraqi side of Huwaizah Marshes) ●中央湿原 (The Central Marshes) ●東ハンマール湿原 (The East Hammar Marshes) ●西ハンマール湿原 (The West Hammar Marshes) ●ウルク考古都市 (Uruk Archaeological City) ●ウル考古都市 (Ur Archaeological City) ●テル・エリドゥ考古学遺跡 (Tell Eridu Archaeological Site)
保護	古物遺産法（2002年法律55）
管理	古物遺産国家委員会（SBAH） 古物遺産局（AHDs）

世界遺産を取り巻く脅威や危険
　　　　　　　●油田開発
　　　　　　　●発掘地域メンテナンス不足
　　　　　　　●浸食・崩壊

参考URL	http://whc.unesco.org/en/list/1481

アラブ塩国

湿原で放牧している水牛

アラブ諸国

北緯31度33分　東経47度39分

交通アクセス　●バスラから車。

カンチェンジュンガ国立公園

登録物件名	**Khangchendzonga National Park**
遺産種別	複合遺産

登録基準　(iii) 現存する、または、消滅した文化的伝統、または、文明の、唯一の、または、少なくとも稀な証拠となるもの。

　　　　　(vi) 顕著な普遍的な意義を有する出来事、現存する伝統、思想、信仰、または、芸術的、文学的作品と、直接に、または、明白に関連するもの。

　　　　　(vii) もっともすばらしい自然的現象、または、ひときわすぐれた自然美をもつ地域、及び、美的な重要性を含むもの。

　　　　　(x) 生物多様性の本来的保全にとって、もっとも重要かつ意義深い自然生息地を含んでいるもの。これには、科学上、または、保全上の観点から、すぐれて普遍的価値をもつ絶滅の恐れのある種が存在するものを含む。

登録年月　　　2016年10月　（第40回世界遺産委員会パリ会議）

登録遺産の面積　178,400ha　　　バッファー・ゾーン　114,712ha

登録遺産の概要　カンチェンジュンガ国立公園は、インドの北東部、ネパール東部のプレジュン郡とインドのシッキム州との国境にあるシッキム・ヒマラヤの中心をなす山群の主峰で、1977年8月に国立公園に指定された。世界遺産の登録面積は178,400ha、バッファー・ゾーンは114,712haである。標高8,586mはエベレスト、K2に次いで世界第3位。カンチェンジュンガとは、チベット語で「偉大な雪の5つの宝庫」の意味で、主峰の他に、西峰のヤルン・カン、中央峰、南峰のカンチェンジュンガII、カンバチェンが並ぶ。衛星峰に囲まれていて、最高点を中心に半径20kmの円を描くと、その中に7000m以上の高峰10座、8000m級のカンチェンジュンガ主峰と第II峰の2座が入り、壮大さは比類がない。さらにこの山がダージリンの丘陵上から手に取るような近さで眺められる自然景観、それに、生物多様性も誇る。また、カンチェンジュンガ山は、神々の座としての、先住民族のシッキム・レプチャ族の信仰の対象であると共に神話が数々残されている。

分類	遺跡、文化的景観、自然景観、生物多様性
物件所在地	ネパール・プレジュン郡／インド・シッキム州
保護	カンチェンジュンガ国立公園（1977年8月26日指定）
管理	カンチェンジュンガ国立公園管理計画
利活用	登山、観光

世界遺産を取り巻く脅威や危険
　　　　　●伝統的集落における近代化
　　　　　●観光客の増加

備考	カンチェンジュンガとはチベット語で「偉大な雪の5つの宝庫」の意味。
参考URL	**http://whc.unesco.org/en/list/1513**

mt-pandimを頂くprek-chu渓谷

北緯27度45分　東経88度22分

交通アクセス　●シッキム州の州都ガントクから車。

チャンアン景観遺産群

登録物件名	**Trang An Landscape Complex**
遺産種別	**複合遺産**

登録基準　(v) 特に、回復困難な変化の影響下で損傷されやすい状態にある場合における、ある文化
　　　　　　　（または、複数の文化）或は、環境と人間の相互作用、を代表する伝統的集落、または、
　　　　　　　土地利用の顕著な例。
　　　　　(vii) もっともすばらしい自然的現象、または、ひときわすぐれた自然美をもつ地域、及び、
　　　　　　　美的な重要性を含むもの。
　　　　　(viii) 地球の歴史上の主要な段階を示す顕著な見本であるもの。これには、生物の記録、地形の
　　　　　　　発達における重要な地学的進行過程、或は、重要な地形的、または、自然地理的特性など
　　　　　　　が含まれる。

登録年月　　　　2014年6月（第38回世界遺産委員会ドーハ会議）

登録遺産の面積　6,172ha　　　バッファー・ゾーン　6,080ha

登録遺産の概要　チャンアン景観遺産群は、ヴェトナムの北部、ニンビン省の内陸部の紅河（ホン河）デルタの南岸にある。チャンアンとは、長く安全の地という意味である。チャンアンは、石灰岩カルストの峰々が渓谷と共に広がる壮観な景観で、険しい垂直の崖に囲まれ、その裾野には川が流れる名勝地域で、その奇岩景勝がハロン湾を彷彿させる為、「陸のハロン湾」とも言われている。世界遺産の登録面積は6,172ha、バッファー・ゾーンは6,080haである。タムコック洞窟やビックドン洞窟などの洞窟群などから約30000年前の人間の活動がわかる考古学的遺跡も発掘されており、当時の狩猟採集民族が気候や環境の変化にいかに適応して生活していたかがわかる。チャンアン景観遺産群の登録範囲には、10～11世紀にヴェトナム最初の独立王朝ティン王朝の古都ホアルのバンディン寺などの寺院群、仏塔群、水田などの景観が展開する村々や聖地を含む。

分類	遺跡、文化的景観、自然景観、地形・地質
生物地理地区	東洋区（Indomalaya）
IUCNの管理カテゴリー	V. 景観保護地区（Protected Landscape）
物件所在地	ヴェトナム社会主義共和国／ニンビン省ニンビン市、タムディエップ、ホアルー、ザーヴィエン、ニョークアン
保護	●国指定史跡（1962年） ●特別国家遺産（2012年）
管理	チャンアン複合景観管理局
利活用	観光

世界遺産を取り巻く脅威や危険
　　　　　　　　●観光開発

備考	観光管理計画を含む修正後の管理計画および都市計画の提出
参考URL	**http://whc.unesco.org/en/list/1438**

アジア・太平洋

チャンアンの複合景観

北緯20度15分24秒　東経105度53分47秒

交通アクセス　●ハノイの南東90km。

泰　山

登録物件名	**Mount Taishan**
遺産種別	**複合遺産**

登録基準　(i) 人類の創造的天才の傑作を表現するもの。

　　　　　(ii) ある期間を通じて、または、ある文化圏において、建築、技術、記念碑的芸術、町並み計画、景観デザインの発展に関し、人類の価値の重要な交流を示すもの。

　　　　　(iii) 現存する、または、消滅した文化的伝統、または、文明の、唯一の、または、少なくとも稀な証拠となるもの。

　　　　　(iv) 人類の歴史上重要な時代を例証する、ある形式の建造物、建築物群、技術の集積、または、景観の顕著な例。

　　　　　(v) 特に、回復困難な変化の影響下で損傷されやすい状態にある場合における、ある文化（または、複数の文化）或は、環境と人間の相互作用、を代表する伝統的集落、または、土地利用の顕著な例。

　　　　　(vi) 顕著な普遍的な意義を有する出来事、現存する伝統、思想、信仰、または、芸術的、文学的作品と、直接に、または、明白に関連するもの。

　　　　　(vii) もっともすばらしい自然的現象、または、ひときわすぐれた自然美をもつ地域、及び、美的な重要性を含むもの。

登録年月　1987年12月（第11回世界遺産委員会パリ会議）

登録遺産の面積　25,000ha

登録物件の概要　泰山（タイシャン）は、山東省の済南市、泰安市、歴城県、長清県にまたがる華北平原に壮大に聳える玉皇頂（1545m）を主峰とする中国道教の聖地。秦の始皇帝が天子最高の儀礼である天地の祭りの封禅を行って後、漢武帝、後漢光武帝、清康熙帝などがこれに倣った。泰山の麓の紅門から岱頂の南天門までの石段は約7000段で、全長約9kmに及ぶ。玉皇閣、それに山麓の中国の三大宮殿の一つがある岱廟、また、泰刻石、経石峪金剛経、無字碑、紀泰山銘など各種の石刻が古来から杜甫、李白などの文人墨客を誘った。「泰山が安ければ四海皆安し」と言い伝えられ、中国の道教の聖地である五岳（東岳泰山、南岳衡山、北岳恒山、中岳嵩山、西岳華山）の長として人々から尊崇されてきた。泰山は、昔、岱山と称され、別称が岱宗、春秋の時に泰山に改称された。国家風景名勝区にも指定されている。「泰山の安きにおく」「泰山北斗」などのことわざや四字熟語も泰山に由来する。

分類	建造物群、自然景観

生物地理地区	旧北界　夏緑樹林
IUCNの管理カテゴリー	III. 天然記念物（Natural Monument）

物件所在地	中華人民共和国／山東省済南市、泰安市、歴城県、長清県

所有者	中国国家
保護	●泰山風景名勝区（1982年）
管理	泰山風景名勝区管理委員会（ACTSS）
利活用	観光

世界遺産を取り巻く脅威や危険
- 観光圧力
- 森林火災
- 文化財の劣化
- 地元の農民による岩の採石

見所
- 玉皇頂（天柱峰ともいわれる泰山の主峰。「五岳独尊」と称賛されている）院の中に3間の正殿があり、玉皇大帝が祭られている。極頂の周辺には、石刻が並ぶ。「古登封台」「天左一柱」や「無字碑」など。
- 岱頂の四大奇観
  日の出（旭日東昇）、金の帯のように見える黄河（黄河金帯）、夕映え（晩霞夕照）、雲海（雲海玉盆）
- 扇子崖
- 黒竜潭
- 龍潭飛瀑
- 岱宗坊
- 王母池
- 紅門宮
- 碧霞元君祠
- 中天門（泰山山腹にあり、東西二つの登山道の合流点）
- 南天門（三天門ともいい、泰山登山の終点）
- 五大夫松
- 対松山
- 1800余か所もある各種の石刻
- 瞻魯台
- 霊岩寺千仏殿にある宋代の羅漢塑像

ゆかりの人物　秦始皇帝、漢武帝、後漢光武帝、清康熙帝
杜甫（712〜770年　唐の詩人。「望岳」で「会当凌絶頂、一覧衆山小」と吟じた）

文芸作品　詩経（中国最古の詩集）

故事熟語
- 泰山の安きにおく
- 泰山北斗

博物館　泰安博物館（岱廟）

伝統行事　泰山国際登山祭（9月）

課題　世界遺産の登録範囲、コア・ゾーンとバッファー・ゾーンとの境界の明確化

参考URL　http://whc.unesco.org/en/list/437

アジア・太平洋

アジア・太平洋

俗に十八磐と呼ばれる摩天雲梯

黒竜潭

唐摩崖碑　紀泰山銘碑

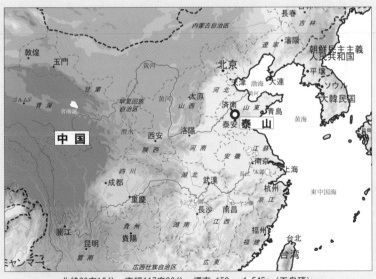

北緯36度16分　東経117度06分　標高　150m～1,545m（玉皇頂）

交通アクセス　●北京から最寄りの泰安まで列車で7時間。
　　　　　　　●済南から泰安まで列車、或はバスで1時間。
　　　　　　　●泰安からバス30分で中天門。中天門からロープウェイが出ている。

黄　山

登録物件名	**Mount Huangshan**
遺産種別	**複合遺産**

登録基準　(ii) ある期間を通じて、または、ある文化圏において、建築、技術、記念碑的芸術、町並み計画、景観デザインの発展に関し、人類の価値の重要な交流を示すもの。

(vii) もっともすばらしい自然的現象、または、ひときわすぐれた自然美をもつ地域、及び、美的な重要性を含むもの。

(x) 生物多様性の本来的保全にとって、もっとも重要かつ意義深い自然生息地を含んでいるもの。これには、科学上、または、保全上の観点から、すぐれて普遍的価値をもつ絶滅の恐れのある種が存在するものを含む。

登録年月　1990年12月（第14回世界遺産委員会バンフ会議）

登録遺産の面積　15,400ha

登録物件の概要　黄山（ホゥッサン）は、長江下流の安徽省南部の黄山市郊外にあり、全域は154km²に及ぶ中国の代表的な名勝。黄山風景区は、温泉、南海、北海、西海、天海、玉屏の6つの名勝区に分かれる。黄山は、花崗岩の山塊であり、霧と流れる雲海に浮かぶ72の奇峰と奇松が作り上げた山水画の様で、標高1800m以上ある蓮花峰、天都峰、光明頂が三大主峰である。黄山は、峰が高く、谷が深く、また雨も多いため、何時も霧の中にあって、独特な景観を呈する。黄山には、樹齢100年以上の古松は10000株もあり、迎客松、送客松、臥竜松などの奇松をはじめ、怪石、雲海の「三奇」、それに、温泉の4つの「黄山四絶」を備えている。また、黄山の山間には堂塔や寺院が点在し、李白（701〜762年）、杜甫（712〜770年）などの文人墨客も絶賛した世間と隔絶した仙境の地であった。黄山は、古くは三天子都、秦の時代には、黟山（いざん）と呼ばれていたが、伝説上の帝王軒轅黄帝がこの山で修行し仙人となったという話から道教を信奉していた唐の玄宗皇帝が命名したといわれている。黄山は、中国で最初に指定された国家重点風景名勝区で、中国の十大風景名勝区の一つ。

分類　建造物群、自然景観、生物多様性

生物地理地区　旧北界　夏緑樹林
IUCNの管理カテゴリー　III. 天然記念物（Natural Monument）

物件所在地　中華人民共和国／安徽省黄山市
所有者　中国国家

保護　●黄山風景名勝区（1982年）
管理　黄山風景名勝区管理委員会
利活用　観光

世界遺産を取り巻く脅威や危険
●火災
●水不足
●ごみ・し尿
課題　世界遺産の登録範囲、コア・ゾーンとバッファー・ゾーンとの境界の明確化

参考URL　http://whc.unesco.org/en/list/547

北海風景区

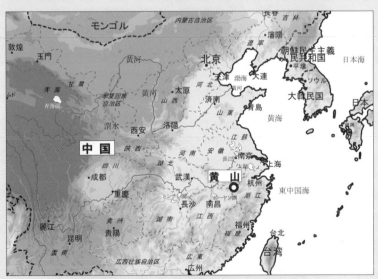

北緯30度10分　東経118度10分　標高　600m〜1,864m（蓮花峰）

交通アクセス　　●黄山へは、北京、上海、広州、成都などから飛行機。
　　　　　　　　　或は、杭州から車で8時間。
　　　　　　　　　風景区内にはロープウェイもある。

楽山大仏風景名勝区を含む峨眉山風景名勝区

登録物件名	**Mount Emei Scenic Area, including Leshan Giant Buddha Scenic Area**
遺産種別	**複合遺産**

登録基準　(iv) 人類の歴史上重要な時代を例証する、ある形式の建造物、建築物群、技術の集積、または、景観の顕著な例。

(vi) 顕著な普遍的な意義を有する出来事、現存する伝統、思想、信仰、または、芸術的、文学的作品と、直接に、または、明白に関連するもの。

(x) 生物多様性の本来的保全にとって、もっとも重要かつ意義深い自然生息地を含んでいるもの。これには、科学上、または、保全上の観点から、すぐれて普遍的価値をもつ絶滅の恐れのある種が存在するものを含む。

登録年月　1996年12月（第20回世界遺産委員会メリダ会議）

登録遺産の面積　15,400ha

登録遺産の概要　峨眉山（オーメイサン）は、四川省の省都である成都から225km離れた四川盆地の西南端にある。中国の仏教の四大名山（峨眉山、五台山、九華山、普陀山）の一つで、普賢菩薩の道場でもある仏教の聖地。峨眉山の山上には982年に建立された報国寺など寺院が多く、「世界平和を祈る弥勒法会」などの仏教行事がよく行われる。また、峨眉山は、亜熱帯から亜高山帯に広がる植物分布の宝庫でもあり、樹齢千年を越す木も多い。一方、楽山（ローサン）は、中国の有名な観光地で、内外に名高い歴史文化の古い都市である。その東にある凌雲山の断崖に座する弥勒仏の楽山大仏（ローサンダーフォー）は、大渡河、岷江など3つの川を見下ろす岩壁の壁面に彫られた高さ71m、肩幅28m、耳の長さが7mの世界最大の磨崖仏で、713年から90年間かかって造られた。俗に「山が仏なり仏が山なり」といわれ、峨眉山と共に、豊かな自然景観と文化的景観を見事に融合させている。

分類	遺跡、文化的景観、建造物群、生物多様性
生物地理地区	旧北界 夏緑樹林・中国亜熱帯林
IUCNの管理カテゴリー	V. 景観保護地域 （Protected Landscape）
物件所在地	中華人民共和国／四川省峨眉山市、楽山市
所有者	中国国家
保護	●峨眉山風景名勝区（1982年）
管理	●四川省峨眉山市峨眉山管理局
	●中国国家建設部（Ministry of Construction of the China）
利活用	観光

世界遺産を取り巻く脅威や危険
●観光圧力
●ごみ

アジア・太平洋

見所 　　　● 峨眉山
　　　　　　● 天下名山の牌坊
　　　　　　● 報国寺
　　　　　　● 伏虎寺
　　　　　　● 清音閣
　　　　　　　双橋清音
　　　　　　● 九老洞
　　　　　　● 峨眉金頂
　　　　　　　金頂からの600mにも及ぶ断崖絶壁は、投身すると成仏できると信じ、身を
　　　　　　　投げたことから「捨身崖」と呼ばれる。金頂からの日の出、雲海は素晴しい。
　　　　　　● 華蔵寺
　　　　　　● 万年寺
　　　　　　　普賢菩薩像（国宝）

伝統行事 　世界平和を祈る弥勒法会

課題 　　　世界遺産の登録範囲、コア・ゾーンとバッファー・ゾーンとの境界の明確化

備考 　　　2007年11月5〜7日、峨眉山市において、第3回世界自然遺産国際会議（中国建設
　　　　　　部、中国ユネスコ国内委員会、四川省人民政府主催、ユネスコ世界遺産センター
　　　　　　後援）が開催され、「峨眉山宣言」を採択した。

参考URL 　　http://whc.unesco.org/en/list/779

アジア・太平洋

峨眉山千仏頂（通称 金頂 標高3077m）周辺の景観

アジア・太平洋

峨眉山

多湿、酸性雨、風化で顔や体に汚れが目立ち、修復が進められている。

楽山大仏の観光は、岷江の遊覧船に乗って船から見ることもできる。

アジア・太平洋

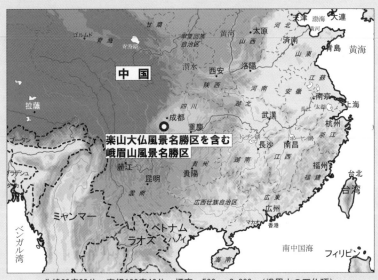

北緯29度32分　東経103度46分　標高　500m～3,099m（峨眉山の万仏頂）

交通アクセス　　●成都の南150km、峨眉山へは、峨眉山市の北西10km。
　　　　　　　　　楽山大仏へは峨眉山市の北東25km。

武 夷 山

登録物件名	**Mount Wuyi**
遺産種別	**複合遺産**

登録基準　(iii) 現存する、または、消滅した文化的伝統、または、文明の、唯一の、または、少なくとも稀な証拠となるもの。

(vi) 顕著な普遍的な意義を有する出来事、現存する伝統、思想、信仰、または、芸術的、文学的作品と、直接に、または、明白に関連するもの。

(vii) もっともすばらしい自然的現象、または、ひときわすぐれた自然美をもつ地域、及び、美的な重要性を含むもの。

(x) 生物多様性の本来的保全にとって、もっとも重要かつ意義深い自然生息地を含んでいるもの。これには、科学上、または、保全上の観点から、すぐれて普遍的価値をもつ絶滅の恐れのある種が存在するものを含む。

登録年月　1999年12月（第23回世界遺産委員会マラケシュ会議）

登録遺産の面積　99,975ha

登録物件の概要　武夷山（ウーイーシャン）は、福建省と江西省とが接する国家風景名勝区にある。「鳥の天国、蛇の王国、昆虫の世界」と称され、茫々とした亜熱帯の森林には、美しい白鷺、猿の群れ、そして、珍しい鳥、昆虫、木、花、草が数多く生息しており、1979年には国家自然保護区、1987年にはユネスコの「人間と生物圏計画」（MAB）の生物圏保護区にも指定されている。また、脈々とそびえる武夷山系の最高峰の黄崗山（標高2158m）は、「華東の屋根」とも称されている。武夷山は、交錯する渓流、勢いよく流れ落ちる滝、水廉洞の洞窟の風景もすばらしく、玉女峰が聳える九曲渓では、漂流を楽しむことも出来る。また、武夷山中には、唐代の武夷宮、宋代の朱子学の開祖、朱憙（朱子）が講学を行なった紫陽書院なども残っている。武夷山は、ウーロン茶の最高級品として名高い武夷岩茶の産地としても有名である。

分類	遺跡、自然景観、生物多様性
生物地理地区	旧北界 夏緑樹林・中国亜熱帯林
IUCNの管理カテゴリー	IV. 種と生息地管理地域 （Habitat/Species Management Area） V. 景観保護地域 （Protected Landscape）
物件所在地	中華人民共和国／福建省
所有者	中国国家
保護	●国家自然保護区 （1979年） ●国家風景名勝区 （1982年） ●ユネスコ生物圏保護区 （1987年）
管理	●中国国家建設部 （Ministry of Construction of the China） ●福建省建設委員会 （Fujian Provincial Construction Commission） ●名勝・生態保護地域群　武夷山風景名勝保護管理委員会 ●生物多様性保護地域　武夷山自然保護区管理局
利活用	観光

世界遺産を取り巻く脅威や危険

●周辺部の開発圧力　●観光圧力　●水や空気の環境汚染　●雨期の洪水

課題　世界遺産の登録範囲、コア・ゾーンとバッファー・ゾーンとの境界の明確化
参考URL　http://whc.unesco.org/en/list/911

玉女峰

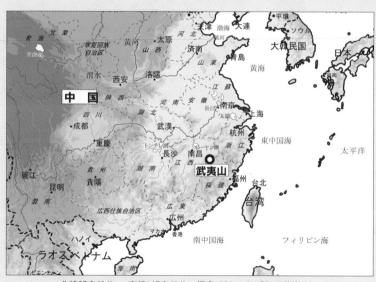

北緯27度43分　東経117度40分　標高 200m～2,158m（黄崗山）

交通アクセス　●武夷山市から車。

アジア・太平洋

カカドゥ国立公園

登録物件名	**Kakadu National Park**
遺産種別	**複合遺産**

登録基準　(i) 人類の創造的天才の傑作を表現するもの。

　　　　　(vi) 顕著な普遍的な意義を有する出来事、現存する伝統、思想、信仰、または、芸術的、文学的作品と、直接に、または、明白に関連するもの。

　　　　　(vii) もっともすばらしい自然的現象、または、ひときわすぐれた自然美をもつ地域、及び、美的な重要性を含むもの。

　　　　　(ix) 陸上、淡水、沿岸、及び、海洋生態系と動植物群集の進化と発達において、進行しつつある重要な生態学的、生物学的プロセスを示す顕著な見本であるもの。

　　　　　(x) 生物多様性の本来的保全にとって、もっとも重要かつ意義深い自然生息地を含んでいるもの。これには、科学上、または、保全上の観点から、すぐれて普遍的価値をもつ絶滅の恐れのある種が存在するものを含む。

登録年月　　1981年10月（第 5回世界遺産委員会シドニー会議）
　　　　　　1987年12月（第11回世界遺産委員会パリ会議）　登録範囲の拡大
　　　　　　1992年12月（第16回世界遺産委員会サンタ・フェ会議）　登録範囲の拡大

登録遺産の面積　1,980,400ha

登録物件の概要　カカドゥ国立公園は、オーストラリアの北部、ダーウィンの東220kmにあり、3つの大河が流れる総面積約198万haの熱帯性気候の広大な自然公園。北はマングローブが生い茂るバン・ディメン湾から南はキャサリン峡谷付近にまで及ぶ。サウスアリゲーター川の中央の流れに沿った低地の湿地帯にはツル、カササギガン、シギなどの水鳥が繁殖し、中下流にはイリエワニが、丘陵地帯にはエリマキトカゲが生息している。植物は約1500種、鳥類は約280種、ソルトウォーター・クロコダイルなどの爬虫類は約120種、その他、哺乳類は約50種、約30種の両生類、70種余の淡水魚、約1万種の昆虫が確認されている。この地域は、5万～2万5000年近く前から先住民族アボリジニが住んでいたところで、内陸部の岩場には、彼等の残したロックアート（岩壁画）が残っており、今日も聖地と見なされ、遺産管理への参加がすすめられている。カカドゥから出土した石製の斧は世界最古の石器であるといわれている。カカドゥ国立公園は、大別すると北部と南部に分けることができる。北部は広大な湿地帯が広がり、緑が多く熱帯的な風景が印象的。南部は、砂岩質の断層崖、渓谷が特徴的。カカドゥ国立公園東部のジャビルカ地区でのウラン鉱山開発などによる環境への影響を懸念する声が世界的に高まっている。

分類	遺跡（岩画）、自然景観、生態系、生物多様性
生物地理地区	オセアニア界　ノーザン・サバンナ
IUCNの管理カテゴリー	II. 国立公園（National Park）
物件所在地	オーストラリア連邦／北部準州
構成資産	●ノーランジー・ロック
	●イエロー・ウォーター
	●ジム・ジム滝

●マムカラ　など

所有者	カカドゥ・アボリジニ土地信託、ジャビルカ・アボリジニ土地信託
保護	●カカドゥ国立公園（1979年）
	●ラムサール条約登録湿地（1980年／1989年）
管理	●環境・スポーツ・特別地域省（Department of the Environment, Sports and Territories）
	●オーストラリア公園局
利活用	観光、映画
舞台作品	Dirt Cheap 30years on（ウラン採掘とそれに反対する先住民族のアボリジニ・ミラー族の姿を描いた作品）

世界遺産を取り巻く脅威や危険

●外来種の侵入

●乾期の火災

●水質汚染

●鉱山開発

ビジター・センター	ボウリ・ビジター・センター（Bowali Visitor Centre）
課題	世界遺産の登録範囲、コア・ゾーンとバッファー・ゾーンとの境界の明確化
参考URL	http://whc.unesco.org/en/list/147

アジア・太平洋

ジム・ジム滝

ジャビル・カカドゥ湿原

低地の湿地帯には、多くの動物や水鳥が生息している

アジア・太平洋

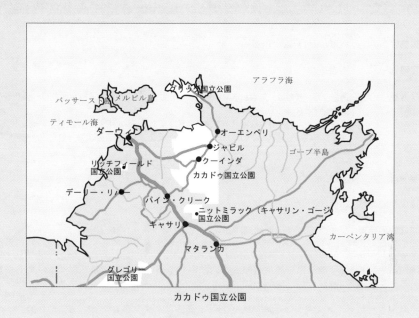

カカドゥ国立公園

南緯12度50分　東経132度50分　標高 海面〜520m

交通アクセス　●ダーウィンから車で2時間。
　　　　　　　●公園内観光は、ジャビルー、クゥーインダ発のツアーバスが便利。

ウィランドラ湖群地域

登録物件名	**Willandra Lakes Region**
遺産種別	**複合遺産**

登録基準　(iii) 現存する、または、消滅した文化的伝統、または、文明の、唯一の、または、少なくとも稀な証拠となるもの。

(viii) 地球の歴史上の主要な段階を示す顕著な見本であるもの。これには、生物の記録、地形の発達における重要な地学的進行過程、或は、重要な地形的、または、自然地理的特性などが含まれる。

登録年月　1981年12月（第5回世界遺産委員会シドニー会議）

登録遺産の面積　240,000ha

登録遺産の概要　ウィランドラ湖群地域は、シドニーの南西約616km、ニューサウスウェールズ州の南西部の奥地に広がるマンゴ国立公園を含む総面積が24万haにも及ぶ世界で最も重要な考古学地域の一つで、6つの大湖と無数の小湖からなる。マレー川の源流にあたるウィランドラ湖群地域は、約1.5万年前に大陸の急激な温暖化によって干上がり乾燥湖となった砂漠地帯である。ここで、人類の祖先であるホモ・サピエンスの骨をはじめ、オーストラリアの先住民アボリジニが生活していた証しと思われる約4万年前の石器、石臼、貝塚、墓などの人類の遺跡が数多く発掘された。なかでも、人類最古といわれる火葬場が発見されたことで、世界的に一躍有名になった。ウィランドラ湖群地域は、オーストラリア大陸での人類進化の研究を行っていく上でのランドマークであると言っても過言ではない。それにきわめて保存状態が良い巨大な有袋動物の化石が数多くここで発見されている。また、この地方の湖沼群や砂丘の地形や洪積時代の堆積地層は、地球の環境変化を示す貴重な考古学資料になっている。世界遺産に指定された地域の大部分は、現在、牧羊地として使用されているが、3万haはマンゴ国立公園として観光客を受け入れている。ビジターセンターやキャンプ場、ハイキングルートが整備されており、珍しいレッドカンガルーやウェスタン・グレーカンガルーなどを観察することもできる。

分類	遺跡、地形・地質
生物地理地区	オセアニア界 東部草原・サバンナ
IUCNの管理カテゴリー	－
物件所在地	オーストラリア連邦／ニューサウスウェールズ州
所有者	ニューサウスウェールズ州政府
保護	●マンゴ国立公園（1979年）
管理	●環境・スポーツ・特別地域省(Department of the Environment, Sports and Territories)
	●国立公園野生生物局
	●ニューサウスウェールズ州政府
利活用	観光、ハイキング

世界遺産を取り巻く脅威や危険
　　　　　　　　　●羊や牛の放牧
　　　　　　　　　●観光客による遊歩道の踏み荒らし
　　　　　　　　　●鉱山開発

課題	世界遺産の登録範囲、コア・ゾーンとバッファー・ゾーンとの境界の明確化
参考URL	**http://whc.unesco.org/en/list/167**

アジア・太平洋

ウィランドラ湖沼群地帯　ウオールズ・オブ・チャイナ

アジア・太平洋

南緯34度0分　東経143度0分　標高　約70m

交通アクセス　　●最寄りの空港はグリフィス空港。

タスマニア原生地域

登録物件名	**Tasmanian Wilderness**	
遺産種別	複合遺産	

登録基準　(iii) 現存する、または、消滅した文化的伝統、または、文明の、唯一の、または、少なくとも稀な証拠となるもの。

　　　　　 (iv) 人類の歴史上重要な時代を例証する、ある形式の建造物、建築物群、技術の集積、または、景観の顕著な例。

　　　　　 (vi) 顕著な普遍的意義を有する出来事、現存する伝統、思想、信仰、または、芸術的、文学的作品と、直接に、または、明白に関連するもの。

　　　　　 (vii) もっともすばらしい自然的現象、または、ひときわすぐれた自然美をもつ地域、及び、美的な重要性を含むもの。

　　　　　 (viii) 地球の歴史上の主要な段階を示す顕著な見本であるもの。これには、生物の記録、地形の発達における重要な地学的進行過程、或は、重要な地形的、または、自然地理的特性などが含まれる。

　　　　　 (ix) 陸上、淡水、沿岸、及び、海洋生態系と動植物群集の進化と発達において、進行しつつある重要な生態学的、生物学的プロセスを示す顕著な見本であるもの。

　　　　　 (x) 生物多様性の本来的保全にとって、もっとも重要かつ意義深い自然生息地を含んでいるもの。これには、科学上、または、保全上の観点から、すぐれて普遍的価値をもつ絶滅の恐れのある種が存在するものを含む。

登録年月　　　　　 1982年12月（第6回世界遺産委員会パリ会議）
　　　　　　　　　 1989年12月（第13回世界遺産委員会パリ会議）　　登録範囲の拡大

登録遺産の面積　　 1,383,640ha

登録物件の概要　　タスマニア島は、オーストラリア東南部にあるオーストラリア最大の島で、バス海峡によってオーストラリア大陸から分断されている、北海道より一回りほど小さな島。タスマニア島の西南部にあるタスマニア原生地域は、オーストラリア最大の自然保護区の一つで、タスマニア州の面積の約20%を占める約138万haの森林地帯で、ユーカリ、イトスギ、ノソフェガス(偽ブナまたは南極ブナ)などの樹種からなり、タスマニアデビル、ヒューオンパインなど固有の動植物も見られる。クレードル・マウンティンをはじめ、氷河の作用によってできたU字谷、フランクリン・ゴードン渓流、ペッダー湖、セント・クレア湖などの多くの湖、アカシアが茂る沼地、オーストラリア屈指の鍾乳洞地帯など特異な自然景観を誇る。一方、フレーザー洞窟で発見された2.1万年前の氷河時代の人類遺跡、それに、ジャッド洞窟やバラウィン洞窟でのアボリジニの岩壁画などの考古学遺跡も特徴。

分類	遺跡(岩画)、自然景観、地形・地質、生態系(森林)、生物多様性
生物地理地区	オセアニア界 タスマニア
IUCNの管理カテゴリー	II. 国立公園 （National Park）
	III. 天然記念物 （Natural Monument）
	IV. 種と生息地管理地域 （Habitat/Species Management Area）
物件所在地	オーストラリア連邦／タスマニア州
所有者	王室御料地
保護	●ペッダー湖国立公園 （1955年）
	●サウスウエスト国立公園 （1968年）
	●クレードル・マウンティン・セント・クレア国立公園 （1971年）
管理	国立公園野生生物局 （NPWS）
利活用	観光
博物館	タスマニア博物館・美術館 （ホバート）
	セント・クレア湖、クレードル・マウンティンにビジターセンター有り

世界遺産を取り巻く脅威や危険
　　　　　　　　　●水力発電　　●クルーズ船の寄港　　●外来種の侵入

課題	世界遺産の登録範囲、コア・ゾーンとバッファー・ゾーンとの境界の明確化
参考URL	**http://whc.unesco.org/en/list/181**

アジア・太平洋

タスマニア　クレードル・マウンティン

アジア・太平洋

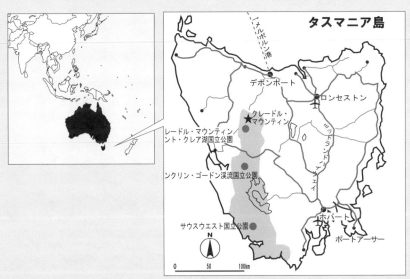

南緯41度35分　東経145度25分　海面～1,617m（オーサ山）

交通アクセス　●シドニー、メルボ
ルンからホバート空港、或はロンセストン空港へ。
　　　　　　　クレードル・マウンティンへは、ロンセストンから車で3時間。ツアーも多い。
　　　　　　　●メルボルンからフェリーで、デボンポート港へ約12時間。
　　　　　　　●シドニーからフェリーで、デボンポート港へ約15時間。

ウルルーカタ・ジュタ国立公園

登録物件名	**Uluṟu-Kata Tjuṯa National Park**
遺産種別	複合遺産

登録基準　(v)　特に、回復困難な変化の影響下で損傷されやすい状態にある場合における、ある文化（または、複数の文化）或は、環境と人間の相互作用、を代表する伝統的集落、または、土地利用の顕著な例。

　　　　　(vi)　顕著な普遍的な意義を有する出来事、現存する伝統、思想、信仰、または、芸術的、文学的作品と、直接に、または、明白に関連するもの。

　　　　　(vii)　もっともすばらしい自然的現象、または、ひときわすぐれた自然美をもつ地域、及び、美的な重要性を含むもの。

　　　　　(viii)　地球の歴史上の主要な段階を示す顕著な見本であるもの。これには、生物の記録、地形の発達における重要な地学的進行過程、或は、重要な地形的、または、自然地理的特性などが含まれる。

登録年月　　1987年12月（第11回世界遺産委員会パリ会議）　自然遺産として登録
　　　　　　1994年12月（第18回世界遺産委員会プーケット会議）
　　　　　　　　　　文化遺産としての価値も認められ複合遺産に変更

登録遺産の面積　132,566ha

登録物件の概要　ウルルーカタ・ジュタ国立公園は、オーストラリアのほぼ中央の北部準州にあり、総面積は132566haで、地質学上も特に貴重とされている。この一帯の赤く乾いた神秘的な台地に突如、「地球のヘソ」といわれる世界最大級の一枚砂岩のエアーズ・ロック（アボリジニ語でウルル）と高さが500m、総面積が3500haとエアーズ・ロックより大きい36個の砂岩の岩塊群のマウント・オルガ（カタ・ジュタ）が現れる。エアーズ・ロックは、15万年前にこの地にやってきた先住民、アボリジニが宗教的・文化的に重要な意味を持つ聖なる山として崇拝してきた。また、周辺の岩場には、古代アボリジニが描いた多くの壁画も残されている。また、園内には、22種類の哺乳類や150種の鳥、世界で2番目に大きいトカゲなど多くの爬虫類が生息している。エアーズ・ロックは、気象条件が良い時には、岩登りができるようになっており、頂上から眺める景色は観光客にも人気がある。また、マウント・オルガの風の谷や洞窟を歩くツアーにも多くの人が訪れる。ウルル・カタジュタ国立公園は、カカドゥ国立公園と共に先住民参加の管理がすすめられている。エアーズ・ロックへの登山については、先住民アボリジニの聖地として、一時は登山禁止が要請された。

分類	遺跡(岩画)、文化的景観、自然景観、地形・地質
生物地理地区	オセアニア界 中央砂漠
IUCNの管理カテゴリー	II. 国立公園 （National Park）
物件所在地	オーストラリア連邦／北部準州
所有者	アボリジニ・ウルルーカタ・ジュタ土地信託
保護	●アボリジニ南西保護区（1920年）
	●エアーズ・ロックーマウント・オルガ国立公園（1958年）
	●ユネスコ生物圏保護区（1977年）
	●ウルル（エアーズ・ロックーマウント・オルガ）国立公園（1977年）

アジア・太平洋

●ウルル-カタ・ジュタ国立公園（1993年　国立公園の名称変更）
●文化遺産の保護管理が優秀につき、ユネスコ・ピカソ金メダル（1995年受賞）

管理	アボリジニとオーストラリア公園局との共同管理局

利活用	観光

世界遺産を取り巻く脅威や危険
●アボリジニ文化の風化
●聖地、洞窟壁画、伝統的な活動への訪問者による脅威
●道路や歩道での不適切な車両の使用
●飛行機の騒音

ビジター・センター	●ウルル-カタ・ジュタ文化センター
	●エアーズ・ロック・ビジターズ・センター
美術館・ギャラリー	ムルガル・ギャラリー（Mulgara Gallery）

伝統文化	アナング文化（Anangu culture）

課題	世界遺産の登録範囲、コア・ゾーンとバッファー・ゾーンとの境界の明確化

備考	ウルルの別称であるエアーズ・ロックという名称は、1873年に英国の探検家ウィリアム・ゴス（1842〜1881年）が探検中に発見し、当時の南部オーストラリア植民地総督のヘンリー・エアーズ（1821〜1897年）にちなんで名づけた。

参考URL	**http://whc.unesco.org/en/list/447**

アジア・太平洋

手前がウルル（エアーズ・ロック）、遠方に見えるのがカタ・ジュタ（マウント・オルガ）

カタ・ジュタ（マウント・オルガ）

アジア・太平洋

古代アボリジニが描いた岩場の壁画

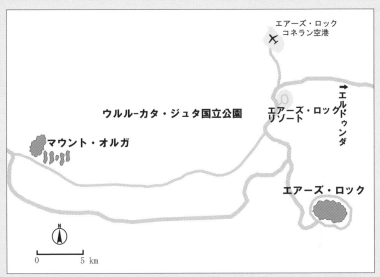

ウルル（エアーズ・ロック）とカタ・ジュタ（マウント・オルガ）の位置関係

南緯25度19分　東経131度0分
標高　ウルル　砂漠（海抜 862.5m）上の340m
　　　カタ・ジュタ（マウント・オルガ）　砂漠（海抜 1,069m）上の546m

交通アクセス ●シドニー、ケアンズ、パースなどから飛行機（エアーズ・ロック、コネラン空港）。
　　　　　　　 ●アイス・スプリングスからは、車で約2時間。

トンガリロ国立公園

登録物件名	**Tongariro National Park**
遺産種別	**複合遺産**

登録基準　(vi)　顕著な普遍的な意義を有する出来事、現存する伝統、思想、信仰、または、芸術的、文学的作品と、直接に、または、明白に関連するもの。

(vii)　もっともすばらしい自然的現象、または、ひときわすぐれた自然美をもつ地域、及び、美的な重要性を含むもの。

(viii)　地球の歴史上の主要な段階を示す顕著な見本であるもの。これには、生物の記録、地形の発達における重要な地学的進行過程、或は、重要な地形的、または、自然地理的特性などが含まれる。

登録年月　1990年12月（第14回世界遺産委員会バンフ会議）　自然遺産として登録
1993年12月（第17回世界遺産委員会カルタヘナ会議）
　文化遺産としての価値も認められ複合遺産に変更

登録遺産の面積　79,596ha

登録物件の概要　トンガリロ国立公園は、ニュージーランドの北島の中央部に広がる最高峰のルアペフ山（2797m）をはじめナウルホエ山（2291m）、トンガリロ山（1967m）の3活火山や死火山を含む広大な795km²の公園。この地域は、更新世の氷河、火山のマグマ活動による火口湖、火山列など形成過程にある地形とが併存し、また、広大な草原や広葉樹の森林には多様な植物、珍しい鳥類が生息し、地質学的にも生態学的にも関心がもたれている。雄大なルアペフ山は、近年にも大きな噴火を起こしている。ナウルホエ山は、富士山に似た陵線を持つ美しい山。トンガリロ山は、エメラルドに輝く火口湖が素晴しい景観を作り出している。これらの山々を縦走するトラックは、「トンガリロ・クロッシング」の名で知られ、人気の高いコースである。また、この地は、9～10世紀にポリネシア系のマオリ族によって発見された。カヌーで南太平洋を渡った先住民族マオリ族は、宗教的にもこの高原一帯を聖地として崇め、また、伝統、言語、習慣などのマオリ文化を脈々と守り続けてきた。マオリ族の首長ツキノが中心となり、この地域の保護を求めたことがきっかけとなり、1894年にニュージーランド初の国立公園に指定された。自然と文化との結びつきを代表する複合遺産になった先駆的物件である。

分類	遺跡、文化的景観、自然景観、地形・地質
生物地理地区	南極界 ネオジーランディア
IUCNの管理カテゴリー	II. 国立公園（National Park）
物件所在地	ニュージーランド／ノース島トンガリロ地区、ワンガヌイ地区
所有者	ニュージーランド政府
保護	●ナティ・トゥファレトア族の首長テ・ヘウヘウ・ツキノ、火山地域中央部の2,630haを政府に寄贈（1887年） ●最初の国立公園にトンガリロ、ナウルホエ、ルアペフの頂上（1894年）
管理	●ニュージーランド政府保全省（Department of Conservation） ●トンガリロ・タウポ保全局（Tongariro/Taupo Conservation Board）
管理計画	トンガリロ国立公園管理計画（Tongariro National Park management plan）

利活用	観光
映画の舞台	ロード・オブ・ザ・リング（2001年）

世界遺産を取り巻く脅威や危険
- 赤鹿、ポッサム、ヤギなどの草食動物による自生植物の減少、消滅
- 火山活動、土砂崩れ
- 山火事

トンガリロ・クロッシング
火山地帯の雄大な景観を7〜8時間かけて歩く全長17kmのトレッキングコース

見所	●レッド・クレーターからの眺望
	●ブルー・レイク
	●蒸気の上がる噴火口
ビジターセンター	●ファカパパ・ビジター・センター
	●オハクネ・ビジター・センター
博物館	●タウポ湖博物館・美術館
	●ワンガヌイ郷土博物館
伝統文化	マオリ文化
課題	世界遺産の登録範囲、コア・ゾーンとバッファー・ゾーンとの境界の明確化
備考	ルアペフ山は、映画「ロード・オブ・ザ・リング」3部作のロケ地になった。
参考URL	http://whc.unesco.org/en/list/421

アジア・太平洋

ルアペフ山上の氷雪のホテル、イグルーからの景観

映画「ロード・オブ・ザ・リング」の中で、モルドールとして登場する場所

アジア・太平洋

タウポ湖のマイン・ベイの南端にあるマオリの彫刻

マオリの彫刻

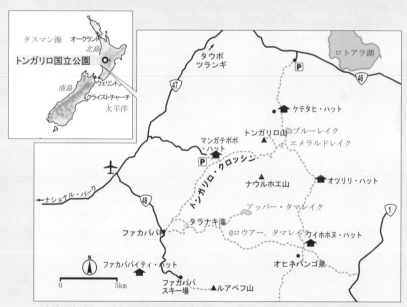

南緯39度17分　東経175度33分　標高 500m〜2,797m（ルアペフ山の頂上タフランギ）

交通アクセス　● オークランドから鉄道で約5時間10分。ナショナル・パーク駅からタクシー。
　　　　　　　● オークランドからツランギ経由ナショナル・パーク行きバス、ファカパパ村下車。約6時間。
　　　　　　　● ファカパパからトンガリロ・クロッシング登山は、所要時間約9時間。

ロックアイランドの南部の干潟

登録物件名	**Rock Islands Southern Lagoon**
遺産種別	複合遺産

登録基準　(iii) 現存する、または、消滅した文化的伝統、または、文明の、唯一の、または、少なくとも
稀な証拠となるもの。
(v) 特に、回復困難な変化の影響下で損傷されやすい状態にある場合における、ある文化
(vii) もっともすばらしい自然的現象、または、ひときわすぐれた自然美をもつ地域、及び、
美的な重要性を含むもの。
(ix) 陸上、淡水、沿岸、及び、海洋生態系と動植物群集の進化と発達において、進行しつつある
重要な生態学的、生物学的プロセスを示す顕著な見本であるもの。
(x) 生物多様性の本来的保全にとって、もっとも重要かつ意義深い自然生息地を含んでいる
もの。これには、科学上、または、保全上の観点から、すぐれて普遍的価値をもつ絶滅の
恐れのある種が存在するものを含む。

登録年月　　2012年7月（第36回世界遺産委員会サンクトペテルブルク会議）

登録遺産の面積　コア・ゾーン　100,200ha　　バッファー・ゾーン　164,000ha

登録物件の概要　ロックアイランドの南部の干潟は、パラオの南西部、コロール州にある約10万
haの海に点在する445の無人島から形成される。ロックアイランドは、コロール島とペリリュー
島の間にあるウルクターブル島、ウーロン島、マカラカル島、ガルメアウス島など南北およそ
640kmに展開する島々の総称。主に、火山島と隆起珊瑚礁による石灰岩島で、その多くは無人島
である。環礁に囲まれたトルコ色のラグーンの浅い海に、長年の侵食によりマッシュルーム型
の奇観を創出した島々が広がり、385種類以上の珊瑚や、多種多様な植物、鳥、ジュゴンや13種
以上の鮫などの海洋生物も生息し、有名なダイビングスポットにもなっている。さらに、海か
ら隔離された海水湖も集中しており、ジェリー・フィッシュ湖では、毒性の低いタコ・クラゲ
が無数に生息しているほか、固有の種が多く生息し、新種の生物の発見にもつながっている。
また、年代測定では、3100年くらい前から人間が生活していたことがわかる洞窟群、赤色の洞
窟壁画、17〜18世紀に放棄された廃村群など、文化遺産としての価値も高い。

分類　　　　遺跡、文化的景観、自然景観、生態系、生物多様性

生物地理地区　ミクロネシア
IUCNの管理カテゴリー　－

物件所在地　パラオ共和国／コロール州
保護　　　　●環境保全保護法、歴史・文化保護法、ロックアイランド利用法
管理　　　　●コロール州政府、パラオ史跡保護事務所
利活用　　　観光、ダイビング、シュノーケリング

世界遺産を取り巻く脅威や危険
　　　　　　●観光開発
　　　　　　●観光圧力
　　　　　　●気候変動による海面上昇

備考　　　　ダイビングツアーやシュノーケリングツアーに参加する際には、ロックアイランド
許可証（Rock Island and Diving Permit）が必要。
参考URL　　**http://whc.unesco.org/en/list/1386**

アジア・太平洋

環礁に囲まれたトルコ色のラグーンの浅い海に、長年の侵食によりマッシュルーム型の奇観を創出した島々が広がる。

アジア・太平洋

北緯7度48分9秒　東経134度21分9秒

交通アクセス　●パラオ国際空港（バベルダオブ空港）から車でコロール島へ。
　　　　　　　　コロール港から船。

ギョレメ国立公園とカッパドキアの岩窟群

登録物件名	Goreme National Park and the Rock Sites of Cappadocia
遺産種別	複合遺産

登録基準　(i) 人類の創造的天才の傑作を表現するもの。

(iii) 現存する、または、消滅した文化的伝統、または、文明の、唯一の、または、少なくとも稀な証拠となるもの。

(v) 特に、回復困難な変化の影響下で損傷されやすい状態にある場合における、ある文化（または、複数の文化）或は、環境と人間の相互作用、を代表する伝統的集落、または、土地利用の顕著な例。

(vii) もっともすばらしい自然的現象、または、ひときわすぐれた自然美をもつ地域、及び、美的な重要性を含むもの。

登録年月　1985年12月（第9回世界遺産委員会パリ会議）

登録遺産の面積　9,576ha

登録物件の概要　ギョレメ国立公園は、トルコの中部、ネヴシェヒール地方にあるアナトリア高原にある。カッパドキアの岩窟群は、エルジェス山（標高 3,916m）やハサン・ダウ山（標高3,268m）の噴火によって、凝灰石が風化と浸食を繰り返して出来上がったもので、キノコ状、或は、タケノコ状の奇岩怪石が林立する。この地に、4世紀前後にローマ帝国の迫害から逃れたキリスト教徒が、横穴式に掘り抜いて約360の岩窟修道院や教会などをつくった。なかでも、ギョレメ峡谷一帯のギョレメ国立公園は、周辺の自然を損なうことなく人間の手の入った世界でも珍しい地域で、カッパドキアの奇観を代表するチャウシン岩窟教会などの岩窟教会、トカル・キリッセ、エルマル・キリッセ、バルバラ・キリッセなどの聖堂が集まっており、内部には彩色鮮やかなビザンチン様式のフレスコ画が残っている。また、カッパドキアには、オオカミ、アカギツネなどの動物、100種を超える植物など、貴重な動植物が生息している。

分類	遺跡、自然景観
生物地理地区	旧北界 アナトリア・イラン砂漠
IUCNの管理カテゴリー	V. 景観保護地域 （Protected Landscape）
物件所在地	トルコ共和国／ギョレメ地方ネヴシェヒール県ウフララ村ほか
主な構成資産	●ギョレメ渓谷（妖精の煙突と例えられる奇岩、ギョレメ野外博物館） ●ゼルヴェ渓谷（ゼルヴェ野外博物館） ●カイマクル地下都市 ●デリンクユ地下都市 ●ソガンリ ●ウチヒサールの岩の要塞（岩壁をくり抜き、建物を建て、要塞にしたもの） ●ウフララ渓谷
所有者	政府、民有
保護	●歴史自然公園（1986年）

ヨーロッパ・北米

管理	●ギョレメ国立公園局（Goreme Milli Parklar Mudurlugu） ●文化観光省（Ministry of Culture and Tourism）

利活用	観光、野外博物館
博物館	ギョレメ野外博物館

世界遺産を取り巻く脅威や危険
- 浸食
- 地震
- 観光圧力

課題	世界遺産の登録範囲、コア・ゾーンとバッファー・ゾーンとの境界の明確化

備考	●カッパドキア地方は、古くは、シルクロードの通商ルートが東西南北に交差する地域で、様々な人々が往来しており、キリスト教の信仰と布教活動においても重要な拠点であったと考えられている。 ●カッパドキアの地下都市は、1965年にトルコの考古学者ヒクメット・ギュルチャイとマホムット・アコクが調査を開始し、その2年後の1967年に地下都市の存在が公表された。 ●カッパドキアの奇岩地帯は、映画「スターウォーズ・ジェダイの復讐」の舞台のモチーフになった。

参考URL	http://whc.unesco.org/en/list/357

ギョレメ野外博物館

ヨーロッパ・北米

カッパドキア

アナトリア高原の火山の噴火によって堆積した火山灰と岩が
侵食されてできた奇岩群のカッパドキア

ヨーロッパ・北米

ギョレメ国立公園

北緯38度40分　東経34度518分　標高　1,000m〜1,325m（アクダグ）

交通アクセス

●カッパドキアへはイスタンブールから車で約12時間、アンカラからは約4時間。

●イスタンブールからカイセリまで飛行機で約1時間。
そこからカッパドキアへの拠点の町となるギョレメ、ネヴシェヒール、
ユルギュップ、アヴァノスへは車で1時間ほど。

ヒエラポリス・パムッカレ

登録物件名	**Hierapolis-Pamukkale**
遺産種別	複合遺産

登録基準
- (iii) 現存する、または、消滅した文化的伝統、または、文明の、唯一の、または、少なくとも稀な証拠となるもの。
- (iv) 人類の歴史上重要な時代を例証する、ある形式の建造物、建築物群、技術の集積、または、景観の顕著な例。
- (vii) もっともすばらしい自然的現象、または、ひときわすぐれた自然美をもつ地域、及び、美的な重要性を含むもの。

登録年月 1988年12月（第12回世界遺産委員会ブラジリア会議）

登録物件の概要 ヒエラポリスとパムッカレは、イスタンブールの南約400kmのデニズリから北20kmにある。ヒエラポリスは、ヘレニズム時代からローマ時代にかけての古代都市遺跡である。紀元前190年にペルガモンの王であったユーメネス2世によって造られ、2〜3世紀のローマ時代に、温泉保養地として最も栄えた。聖フィリップのレリーフがある円形大劇場、ドミティアヌス帝の凱旋門、浴場跡、八角形の聖フィリップのマーティリウム、アナトリア最大の2kmもある共同墓地などが残っている。パムッカレは、トルコ語で「綿の城塞」という意味で、トルコ随一の温泉保養地で、温泉が造り出した真白な石灰岩やクリーム色の鍾乳石の段丘が印象的。パムッカレは、地面から湧き出た石灰成分を含む摂氏35度の温泉水が100mの高さから山肌を流れ落ち、長年の浸食作用によって出来た幾重にも重なった棚田の様な景観を形成し圧巻である。

分類	遺跡、自然景観
生物地理地区	旧北界 地中海硬葉樹林
IUCNの管理カテゴリー	－
物件所在地	トルコ共和国／デニズリ県パムッカレ
所有者	トルコ国家
保護	●護特別地域（1990年） ●パムッカレ環境管理・監視計画（1992年）
管理	デニズリ市（Municipality of Denizli）
利活用	観光

世界遺産を取り巻く脅威や危険
- ●警備や監視が手薄
- ●パムッカレの自然岩の損傷
- ●パムッカレの水質汚染
- ●パムッカレでの入浴、温泉水の利用方法
- ●ホテル建設

博物館	ヒエラポリス考古学博物館（Hierapolis Arkeoloji Muzesi）
イベント	パムッカレ国際音楽文化祭（International Pamukkale Music and Culture Festival）
課題	世界遺産の登録範囲び設定、並びに、コア・ゾーンとバッファー・ゾーンとの境界の明確化
参考URL	**http://whc.unesco.org/en/list/485**

ヨーロッパ・北米

ヘレニズムからローマ時代にかけての古代都市遺跡のヒエラポリス

白綿のような石灰棚が重なるパムッカレ

北緯37度55分　東経29度7分　標高　約500m

ヨーロッパ・北米

交通アクセス　　●イズミールから車でデニズリを経由し4〜5時間。

アトス山

登録物件名	**Mount Athos**
遺産種別	複合遺産

登録基準
(i) 人類の創造的天才の傑作を表現するもの。
(ii) ある期間を通じて、または、ある文化圏において、建築、技術、記念碑的芸術、町並み計画、景観デザインの発展に関し、人類の価値の重要な交流を示すもの。
(iv) 人類の歴史上重要な時代を例証する、ある形式の建造物、建築物群、技術の集積、または、景観の顕著な例。
(v) 特に、回復困難な変化の影響下で損傷されやすい状態にある場合における、ある文化（または、複数の文化）或は、環境と人間の相互作用、を代表する伝統的集落、または、土地利用の顕著な例。
(vi) 顕著な普遍的な意義を有する出来事、現存する伝統、思想、信仰、または、芸術的、文学的作品と、直接に、または、明白に関連するもの。
(vii) もっともすばらしい自然的現象、または、ひときわすぐれた自然美をもつ地域、及び、美的な重要性を含むもの。

登録年月　　1988年12月（第12回世界遺産委員会ブラジリア会議）

登録遺産の面積　33,042.3ha

登録遺産の概要　アトス山は、ギリシャ北部のハルキディキ半島の突端にある。ギリシャ正教の聖山。アトス山には、標高2033mの険しい山の秘境に、10世紀頃から造られたコンスタンティノープル総主教庁（総主教座はトルコのイスタンブールにある聖ゲオルギオス大聖堂）の管轄下にある修道院が20ある。中世以来、ギリシャ正教の聖地として、マケドニア芸術派の最後の偉大な壁画家エマヌエル・パンセリノスのフレスコ画をはじめ、モザイク、古書籍、美術品、教会用具等を多数有するビザンチン文化の宝庫である。アトス山は、今も厳しい修行の共同生活の場として女人禁制の戒律が守られ、1700人ほどの修道士の手によって運営されている。また、アトス山の岩山が切り立つ緑の山々、渓谷、海岸線など変化に富んだ自然景観も大変美しい。

分類	建造物群（修道院群）、自然景観
生物地理地区	旧北界 地中海硬葉樹林
IUCNの管理カテゴリー	－
物件所在地	ギリシャ共和国／テッサロニキ県ハルキディキ半島
構成資産	ヴァトペディ修道院、オシウ・グリゴリウ修道院、ディオニシウー修道院、ドヒアリウー修道院、ゾグラフー修道院、イヴィーロン修道院、クウトルウムシウー修道院、カラカルウー修道院、クセノフォンドス修道院、クシロポタムー修道院、アギウー・パンデレイモノス修道院、パンドクラトロス修道院、アギウー・パヴルー修道院、シモノス・ペトラ修道院、スタヴロニキータ修道院、フィロセウー修道院、メギスティ・ラヴラ修道院、ヒランダル修道院、エスフィグメヌー修道院、コンスタモニトゥー修道院
所有者	コンスタンティノープル総主教庁

ヨーロッパ・北米

保護 管理	●ギリシャ政府、アトス山を自治地域として認める。（1926年）
	●外務省管轄のアトス自治修道士共和国知事
	● 文化省（Hellenic Ministry of Culture）
利活用	観光

入山ルール　●アトス山入山の基本的な条件
　　　　　　　　□認可は個人及びグループとも事前に必要。
　　　　　　　　□女性は入山することが出来ない。
　　　　　　　　□宗教的、または、科学的な関心を持つものであることが証明され、かつ、
　　　　　　　　　18歳以上である人以外は、宿泊の滞在は禁じられている。
　　　　　　　●テサロニキのアトス山巡礼者事務所（Pilgrims Office）
　　　　　　　109 Egnatia 546 22 Thessaloniki Greece　　TEL：30-2310-252578
　　　　　　　受付時間：月～土曜日　9；00～13：00
　　　　　　　1日の入山可能人数：聖教徒 100名／聖教徒以外 10名
　　　　　　　滞在可能日数：3泊4日　　申請料　35ユーロ（宿泊、全食込み）

世界遺産を取り巻く脅威や危険　　　　　●火災

学術研究機関　　トラキア・デモクリトス大学（Democritus University of Thrace）

課題　　　　　　世界遺産の登録範囲、コア・ゾーンとバッファー・ゾーンとの境界の明確化

備考　　　　　　●アトス山は、今も厳しい修行の共同生活の場として女人禁制の戒律が守られ、
　　　　　　　　1700人ほどの修道士の手によって運営されている。
　　　　　　　　●アトス自治修道共和国(首都カリエス)は、修道院共同体で一種の宗教国家。
　　　　　　　　ギリシャ国内にありながら、治外法権が認められている。

参考URL　　　　**http://whc.unesco.org/en/list/454**

ヨーロッパ・北米

オシウー・グレゴリウ修道院

シモノス・ペトラ修道院

ヒランダル修道院

ヨーロッパ・北米

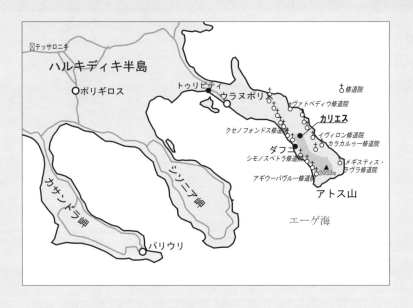

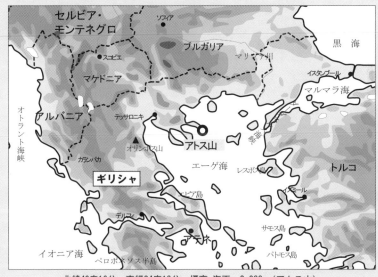

北緯40度16分　東経24度13分　標高　海面〜2,033m（アトス山）

交通アクセス
- ウラノポリスから最寄りのダフニ港まで船で約2時間。
- 一般には、ダフニ港から船上にてアトス山を眺めるツアーあり。
- 入山許可者は、ダフニ港から政庁があるカリエスに上陸する。

ヨーロッパ・北米

メテオラ

登録物件名	**Meteora**
遺産種別	複合遺産

登録基準　(i) 人類の創造的天才の傑作を表現するもの。

　　　　　(ii) ある期間を通じて、または、ある文化圏において、建築、技術、記念碑的芸術、町並み計画、景観デザインの発展に関し、人類の価値の重要な交流を示すもの。

　　　　　(iv) 人類の歴史上重要な時代を例証する、ある形式の建造物、建築物群、技術の集積、または、景観の顕著な例。

　　　　　(v) 特に、回復困難な変化の影響下で損傷されやすい状態にある場合における、ある文化（または、複数の文化）或は、環境と人間の相互作用、を代表する伝統的集落、または、土地利用の顕著な例。

　　　　　(vii) もっともすばらしい自然的現象、または、ひときわすぐれた自然美をもつ地域、及び、美的な重要性を含むもの。

登録年月　　1988年12月（第12回世界遺産委員会ブラジリア会議）

登録遺産の面積　コア・ゾーン　271.87ha　バッファー・ゾーン　1,884.14ha

登録遺産の概要　メテオラは、ギリシャ中央部のテッサリア地方、ピニオス川がピントス山脈の深い峡谷から現われテッサリア平原に流れ込むトリカラ県にある修道院群。メテオラとは、ギリシャ語の「宙に浮いている」という形容詞が語源の地名。11世紀以降、世俗を逃れ岩の割れ目や洞窟に住み着いた修道僧によって、14〜16世紀のビザンチン時代後期およびトルコ時代に、24の修道院が約60の巨大な灰色の砂岩の搭状奇岩群がそそり立つ頂上 に建てられた。メテオラには、女人禁制を含めた厳しい戒律を定めた修道僧アタナシウスによって建てられたメガロ・メテオロン修道院(別名メタモルフォシス修道院)をはじめ、ヴァルラム修道院、アギア・トリアダ修道院、アギオス・ステファノン修道院、ルサノウ修道院などの修道院があり、中世の典礼用具や木彫品、クレタ様式のフレスコ画やイコン(聖画)などビザンチン芸術の宝庫でもある。

分類	建造物群（修道院群）、自然景観
生物地理地区	旧北界 バルカン高原
IUCNの管理カテゴリー	III. 天然記念物（Natural Monument）
物件所在地	ギリシャ共和国／トリカラ県メテオラ

主な構成資産　現在公開されている構成資産

●メガロ・メテオロン修道院

（メテオラ最大の修道院。主聖堂は1387年建立。食堂であった建物は、現在は博物館として公開。展望台からは、カランバカ市街が一望できる）

●ヴァルラム修道院

（メガロ・メテオロン修道院の隣に建つ。修道院内部には、フランゴス・カテラノスによるフレスコ画が残る。メガロ・メテオロン修道院から徒歩20分）

●ルサノウ修道院（現在の建物は1545年建立。1950年以降は女子修道院。メガロ・メテオロン修道院から徒歩30分）

●アギオス・ニコラオス修道院（14世紀創建。内部のフレスコ画が美しい）

●アギア・トリアダ修道院（1458〜1476年、修道僧ドメティウスにより建造。メガロ・メテオロン修道院から徒歩30分）

●アギオス・ステファノン修道院（14世紀建造。現在は女子修道院。カランバカの町から見ることのできる唯一の修道院。メガロ・メテオロン修道院から徒歩1時間30分）

所有者	ギリシャ国家　修道院群は、ギリシャ正教会
保護	●カストラキ村を含む地域の保護（1988年）
管理	●文化省
	●環境・国土計画・公共事業省（YPEHODE）
	●ギリシャ正教会
利活用	観光、映画ロケ地
舞台作品	●007／For Your Eyes Only（1981年）アギア・トリアダ修道院
	●メテオラ（ギリシャ人映画監督スピロス・スタスロプロスの長篇作品で第62回ベルリン国際映画祭出品作品）12世紀、メテオラの若い修道士とロシア人修道女との道ならぬ恋愛を描く。
入山ルール	●ショートパンツやミニスカート、肌を露出する服装、女性のパンツスタイルは禁止。
	●フラッシュ撮影、三脚での写真撮影禁止。

世界遺産を取り巻く脅威や危険

●地震
●飛行機の低空飛行
●プラタナスの森林伐採

参考URL　　　http://whc.unesco.org/en/list/455

メテオラの奇岩群　空撮

ヨーロッパ・北米

アギア・トリアダ修道院

ヨーロッパ・北米

メガオ・メテオロン修道院

修道院内のフレスコ画

北緯39度43分　東経21度37分　標高 1,069m上の約300m

交通アクセス　●カランバカから車で15分。バス便もあり。

ヨーロッパ・北米

セント・キルダ

登録物件名		**St Kilda**
遺産種別		複合遺産
登録基準	(iii)	現存する、または、消滅した文化的伝統、または、文明の、唯一の、または、少なくとも稀な証拠となるもの。
	(v)	特に、回復困難な変化の影響下で損傷されやすい状態にある場合における、ある文化（または、複数の文化）或は、環境と人間の相互作用、を代表する伝統的集落、または、土地利用の顕著な例。
	(vii)	もっともすばらしい自然的現象、または、ひときわすぐれた自然美をもつ地域、及び、美的な重要性を含むもの。
	(ix)	陸上、淡水、沿岸、及び、海洋生態系と動植物群集の進化と発達において、進行しつつある重要な生態学的、生物学的プロセスを示す顕著な見本であるもの。
	(x)	生物多様性の本来的保全にとって、もっとも重要かつ意義深い自然生息地を含んでいるもの。これには、科学上、または、保全上の観点から、すぐれた普遍的価値をもつ絶滅の恐れのある種が存在するものを含む。

登録年月　　　1986年11月（第10回世界遺産委員会パリ会議）自然遺産として登録
　　　　　　　2004年 7月（第28回世界遺産委員会蘇州会議）登録範囲の拡大
　　　　　　　2005年 7月（第29回世界遺産委員会ダーバン会議）
　　　　　　　　　　　　　文化遺産としての価値も認められ複合遺産に変更

登録遺産の面積　24,201.4ha

登録物件の概要　セント・キルダは、スコットランドの北方の沖合185kmの大西洋上に浮かぶヒルタ島、ボーレー島、ソーア島、ダン島の4つの島とスタック・リーなど2つの岩礁など火山活動から生まれた群島からなる。北大西洋で最大の海鳥の繁殖地で、世界最大のシロカツオドリ、それに、オオハシウミガラス、ニシツノメドリ、コシジロウミツバメ、フルマカモメなどが生息する鳥の楽園。セント・キルダ群島で最大の島であるヒルタ島では、2千年以上前の巨石遺跡も発見されており、古代よりこの島に人が住んでいたことを証明している。また、農業、牧羊を生業とし、伝統的な石の家に住んでいた生活の痕跡が残されているが、1930年以降は無人島である。セント・キルダは、英国政府の生物圏保護地域に指定されており、2004年に周辺海域も登録範囲に含められ、自然遺産の登録基準の(ii)（現登録基準(ix)）が追加された。2005年7月の第29回世界遺産委員会では、その文化遺産としての価値も認められ、自然遺産から複合遺産になった。

分類	遺跡、文化的景観、自然景観、生態系(海洋)、生物多様性
生物地理区分	旧北界　スコットランド高原
IUCNの管理カテゴリー	IV. 種と生息地管理地域（Habitat/Species Management Area）
物件所在地	グレートブリテンおよび北部アイルランド連合王国（英国）／スコットランド、ウェスタン・アイルズ県セント・キルダ
所有者	ナショナル・トラスト・スコットランド（The National Trust for Scotland　NTS）
保護	●国立自然保護区（1957年）　●国の生物圏保護区（1976年）●古代遺跡・建築（1979年）　●名勝地域（1981年）●E.U. 野生鳥類特別保護地域（1992年）
管理	ナショナル・トラスト・スコットランド（The National Trust for Scotland　NTS）
利活用	学術調査、ロケ地
舞台作品	●「セント・キルダ、ブリテンで最も孤立した島」(St.Kilda,Britain's Loneliest Isle 1928年)●「世界の果て」（The Edge of the World　1937年）●EBCドキュメンタリー・シリーズ「英国の失われた世界」(Britain's Lost World 2009年)
世界遺産を取り巻く脅威や危険	●MODのミサイルレーダー追跡ステーション●ラットなどの外来種の侵入　●ポリスチレンやナイロンの釣り糸●航行船舶による油汚染　●気候温暖化による海鳥の繁殖への影響
参考URL	http://whc.unesco.org/en/list/387

ヨーロッパ・北米

楠円形の墓地

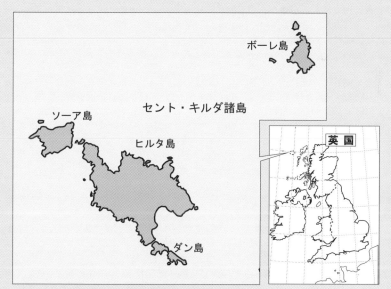

ヨーロッパ・北米

北緯57度49分　西経8度34分　標高　海面～425.8m（コナシェア）

交通アクセス　● オーバンから船。

ピレネー地方-ペルデュー山

登録物件名		**Pyrenees-Mount Perdu**
遺産種別		**複合遺産**
登録基準	(iii)	現存する、または、消滅した文化的伝統、または、文明の、唯一の、または、少なくとも稀な証拠となるもの。
	(iv)	人類の歴史上重要な時代を例証する、ある形式の建造物、建築物群、技術の集積、または、景観の顕著な例。
	(v)	特に、回復困難な変化の影響下で損傷されやすい状態にある場合における、ある文化（または、複数の文化）或は、環境と人間の相互作用、を代表する伝統的集落、または、土地利用の顕著な例。
	(vii)	もっともすばらしい自然的現象、または、ひときわすぐれた自然美をもつ地域、及び、美的な重要性を含むもの。
	(viii)	地球の歴史上の主要な段階を示す顕著な見本であるもの。これには、生物の記録、地形の発達における重要な地学的進行過程、或は、重要な地形的、または、自然地理的特性などが含まれる。

登録年月　　　1997年12月（第21回世界遺産委員会ナポリ会議）
　　　　　　　　　1999年12月（第23回世界遺産委員会マラケシュ会議）登録範囲の拡大

登録遺産の面積　30,639ha

登録遺産の概要　ピレネー地方-ペルデュー山は、スペインのアラゴン自治州とフランスのミディ・ピレネー地方にまたがるペルデュー山を中心とするピレネー地方の自然と文化の両方の価値を有する複合遺産である。ペルデュー山は、アルプス造山運動の一環によって形成された石灰質を含む花崗岩を基盤とした山塊で、スペイン側では、ペルディード山（標高 3393m）、フランス側では、ペルデュー山（標高 3352m）と呼ばれる。世界遺産の登録面積は、スペイン側が20,134ha、フランス側が11,055haで、オルデサ渓谷、アニスクロ渓谷、ピネタ渓谷などヨーロッパ最大級の渓谷群、北側斜面の氷河作用によって出来た、ピレネー山脈最大のガヴァルニー圏谷（カール）などから構成され、太古からの山岳地形とその自然景観を誇る。また、ピレネー地方は、ヨーロッパの高山帯に広がる昔ながらの集落、農業や放牧などの田園風景は、自然と人間との共同作品である文化的景観を形成している。1988年にスペイン・フランス両国間で、ペルデュー山管理憲章が締結されているが、二国間協力が不十分である。

分類　　　　　　遺跡、文化的景観、自然景観、地形・地質

生物地理地区　　旧北界 イベリア高原
IUCNの管理カテゴリー　II. 国立公園（National Park）

物件所在地　　　スペイン／アラゴン自治州ウエスカ県トルラ村、ファンロ村、テラ・シン村、プエルトラス村、ビエルサ村、ブロト村
　　　　　　　　　フランス共和国／ミディ・ピレネー地方オートピレネー県、ジェードル村

所有者　　　　　（スペイン側）トルラ村、ファンロ村、テラ村、ビエルサ村、ブロト村
　　　　　　　　　　　　　　　　スペイン国家、個人所有
　　　　　　　　　（フランス側）バレージュ・オーレ渓谷群のコミュニティ

保護	●オルデサ・ペルディド山国立公園　スペイン側（1918年）
	●ヴィナマラ国設鳥獣保護区　スペイン側（1966年）
	●ロス・サーカス国設鳥獣保護区　スペイン側（1966年）
	●ウエスタン・ピレネー国立公園　フランス側（1967年）
	●オルデサ—ヴィナマラ生物圏保護区　ユネスコ生物圏保護区（1977年）
	●フランス・スペイン両国間の協定　ペルデュー山管理憲章（1988年）

管理	（スペイン側）環境省
	（フランス側）環境省
利活用	観光、ハイキング、トレッキング

世界遺産を取り巻く脅威や危険
- フランス側のガヴァルニー・フェスティバルのインパクト
- 農業牧畜中心主義への支援が不十分なこと
- 不十分な二国間協力

| 課題 | 世界遺産の登録範囲、コア・ゾーンとバッファー・ゾーンとの境界の明確化 |
| 参考URL | http://whc.unesco.org/en/list/773 |

スペイン側のオルデサ・ペルディド山国立公園
写真は、オルデサ渓谷

ヨーロッパ・北米

ヨーロッパ・北米

スペイン側のオルデサ渓谷のソアソ滝

フランス側のピレネー山脈北麓のガヴァルニー圏谷

ガヴァルニー圏谷（カール）は、氷河の侵食によって形成されたU字谷

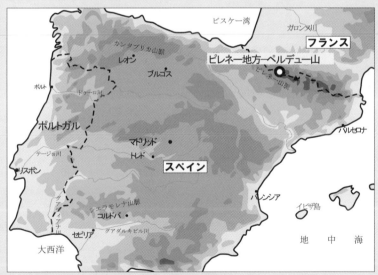

北緯42度41分　西経0度0分　標高 600m～3,352m（ペルデュー山/ ペルディド山）

交通アクセス　●タルブ・オスン・ルールド空港から国立公園の入口にある町コテュレまで
　　　　　　　　　車で30分。

ヨーロッパ・北米

イビサの生物多様性と文化

登録物件名	**Ibiza, Biodiversity and Culture**
遺産種別	複合遺産

登録基準　(ii) ある期間を通じて、または、ある文化圏において、建築、技術、記念碑的芸術、町並み計画、景観デザインの発展に関し、人類の価値の重要な交流を示すもの。

(iii) 現存する、または、消滅した文化的伝統、または、文明の、唯一の、または、少なくとも稀な証拠となるもの。

(iv) 人類の歴史上重要な時代を例証する、ある形式の建造物、建築物群、技術の集積、または、景観の顕著な例。

(ix) 陸上、淡水、沿岸、及び、海洋生態系と動植物群集の進化と発達において、進行しつつある重要な生態学的、生物学的プロセスを示す顕著な見本であるもの。

(x) 生物多様性の本来的保全にとって、もっとも重要かつ意義深い自然生息地を含んでいるもの。これには、科学上、または、保全上の観点から、すぐれて普遍的価値をもつ絶滅の恐れのある種が存在するものを含む。

登録年月　　　　1999年12月（第23回世界遺産委員会マラケシュ会議）

登録遺産の面積　8,564ha

登録遺産の概要　イビサの生物多様性と文化は、イベリア半島の東約40km、西地中海に浮かぶ美しい砂浜と快適な気候に恵まれたバイアレス諸島の西部イビサ島、フォルメンテラ島、フレウス小島群で構成される。この一帯は、松林、アーモンド、いちじく、オリーブ、ヤシの木などの植生に恵まれ、地中海でしか見られない重要な固有種の海草「ポシドニア」、それに、草原状の珊瑚礁が、海洋や沿岸の生態系に良い影響を与え、絶滅危惧種の地中海モンクアザラシなどの生息地にもなっている。イビサ島は、紀元前654年に、カルタゴ人によって建設されたが、地勢的に地中海の要所にある為、歴史的にも、ローマ帝国、ヴァンダル人、ビザンチン帝国、イスラム諸国、アラゴン王国など様々な勢力の間で、支配権が争われてきた。イビサには、フェニキア・カルタゴ時代の住居や墓地などの考古学遺跡、スペイン植民地の要塞の発展に大きな影響を与えた軍事建築の先駆けともいえる16世紀の要塞群で囲まれた旧市街（アルタ・ヴィラ）の町並みが今も残っている。

分類	遺跡、建造物群、文化的景観、生態系(海洋)、生物多様性
生物地理地区	旧北界　地中海硬葉樹林
IUCNの管理カテゴリー	IV. 種と生息地管理地域（Habitat/Species Management Area）
物件所在地	スペイン／バイアレス諸島　イビサ島、フォルメンテラ島、フレウス小島

主な構成資産　　自然遺産
●イビサ島、フォルメンテラ島、フレウス小島群の
　沿岸域のラグーンと製塩工場地域（ラス・サリナス）
●上記の周辺海域
文化遺産
●イビサ島の旧市街(アルタ・ヴィラ)と16世紀の要塞群
●プィ・デ・モランのフェニキア人とカルタゴ人の共同墓地
●サ・カレタのフェニキア・カルタゴの考古学遺跡

所有者	公有
保護	●イビサ島とフォルメンテラ島のシー・サリナス地域　ラムサール条約登録湿地（1993年）
	●イビサ島とフォルメンテラ島のシー・サリナス地域　自然保護区（1997年）
管理	●バイアレス諸島自治州
	●イビサ（エイビサ）市
利活用	観光、ロケ地
舞台作品	●映画「フランキー・ワイルドの素晴らしき世界」（2004年）
	●映画「イビサボーイズGO DJ!」（2002年）

世界遺産を取り巻く脅威や危険
- ●イビサ港の改修・拡張プロジェクト
- ●海洋汚染
- ●海底パイプライン

博物館	●イビサ民族学博物館
	●イビサ現代美術館
	●イビサ・フォルメンテラ考古学博物館
課題	世界遺産の登録範囲、コア・ゾーンとバッファー・ゾーンとの境界の明確化
参考URL	http://whc.unesco.org/en/list/417

海洋と沿岸の生態系との相互作用が優れ、豊かな生物多様性を誇る。

ヨーロッパ・北米

16世紀の城壁に囲まれた軍事要塞都市イビサの旧市街（アルタ・ヴィラ）

イビザ島の旧市街

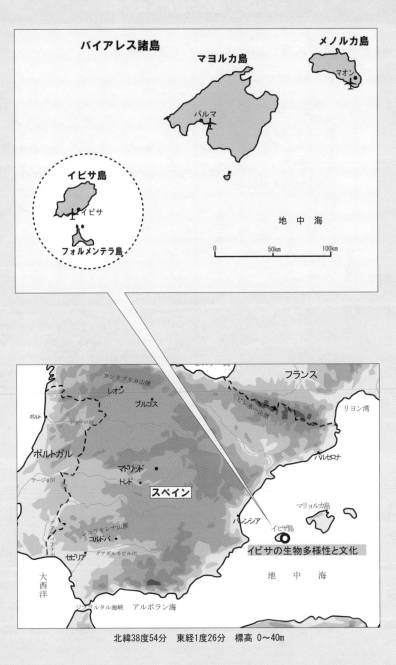

北緯38度54分　東経1度26分　標高 0～40m

交通アクセス　●イビサ島へはバルセロナから飛行機で40分。

ヨーロッパ・北米

オフリッド地域の自然・文化遺産

登録物件名	Natural and Cultural Heritage of the Ohrid region
遺産種別	複合遺産

登録基準　(i)　人類の創造的天才の傑作を表現するもの。

(iii)　現存する、または、消滅した文化的伝統、または、文明の、唯一の、または、少なくとも稀な証拠となるもの。

(iv)　人類の歴史上重要な時代を例証する、ある形式の建造物、建築物群、技術の集積、または、景観の顕著な例。

(vii)　もっともすばらしい自然的現象、または、ひときわすぐれた自然美をもつ地域、及び、美的な重要性を含むもの。

登録年月　　　1979年10月　（第3回世界遺産委員会ルクソール会議）自然遺産として登録
1980年 9月　（第4回世界遺産委員会パリ会議）
　　　　　　　文化遺産としての価値も認められ複合遺産に変更
2009年 6月　（第33回世界遺産委員会セビリア会議）軽微な変更

登録遺産の面積　83,350ha

登録物件の概要　オフリッドは、アルバニアとの国境に接するオフリッド湖東岸の町で、ビザンチン美術の宝庫。オフリッド地域には、3世紀末にキリスト教が伝来、その後、スラブ人の文化宗教都市として発展した。11世紀初めには、聖ソフィア教会が建てられ、教会内部は、「キリストの昇天」などのフレスコ画が描かれ装飾された。最盛期の13世紀には、聖クレメント教会など300もの教会があったといわれる。一方、400万年前に誕生したオフリッド湖は、湖水透明度が高い美しい湖として知られている。冬期にも凍結せず、先史時代の水生生物が数多く生息しており、オフリッド地域は、古くから培われてきた歴史と文化、そして、これらを取り巻く自然環境が見事に調和している。1979年に「オフリッド湖」として自然遺産に登録されたが、周辺の聖ヨハネ・カネオ教会、聖パンテレイモン修道院などとの調和が評価され、翌1980年には文化遺産も追加登録されて複合遺産となった。

分類	建造物群、自然景観
生物地理地区	旧北界　バルカン高原
IUCNの管理カテゴリー	II. 国立公園（National Park）
物件所在地	北マケドニア（旧マケドニア旧ユーゴスラビア共和国）／オフリッド県オフリッド市
所有者	北マケドニア
保護	●マウント・ガリチカ国立公園（1958年）
管理	オフリッド市
利活用	観光

世界遺産を取り巻く脅威や危険
- ●人口の過密
- ●オフリッド湖の富栄養化と水質汚染
- ●外来種の移入
- ●観光の不十分な管理
- ●観光施設やコテージの不適切な立地

博物館・ギャラリー　●国立博物館
　　　　　　　　　　　●オフリッド・イコン・ギャラリー

課題　　世界遺産の登録範囲、コア・ゾーンとバッファー・ゾーンとの境界の明確化

備考　　●オフリッド湖は、バイカル湖（ロシア連邦 1996年世界遺産登録）、タンガニーカ湖（アフリカの大地構帯にあるタンザニアとコンゴ民主共和国との国境をなす断層湖）と並んで、世界最古の湖といわれている。
　　　　　　●オフリッド湖は、「WWF グローバル200　淡水域 エコ・リージョン」の「バルカン半島の河川およびその流域」（Balkan Rivers and Streams）に含まれている。

参考URL　　http://whc.unesco.org/en/list/99

ガリシカ山からオフリッド湖を望む

ヨーロッパ・北米

透明度の高い美しい湖として知られているオフリッド湖

聖パンテレイモン修道院

ヨーロッパ・北米

聖ヨハネ・カネオ教会

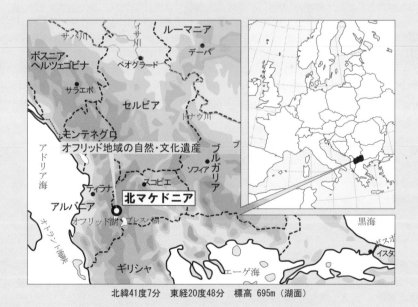

北緯41度7分　東経20度48分　標高　695m（湖面）

ヨーロッパ・北米

交通アクセス　●スコピエから車で3時間30分。

ラップ人地域

登録物件名	**Laponian Area**
遺産種別	複合遺産

登録基準　(iii) 現存する、または、消滅した文化的伝統、または、文明の、唯一の、または、少なくとも稀な証拠となるもの。

　(v) 特に、回復困難な変化の影響下で損傷されやすい状態にある場合における、ある文化（または、複数の文化）或は、環境と人間の相互作用、を代表する伝統的集落、または、土地利用の顕著な例。

　(vii) もっともすばらしい自然的現象、または、ひときわすぐれた自然美をもつ地域、及び、美的な重要性を含むもの。

　(viii) 地球の歴史上の主要な段階を示す顕著な見本であるもの。これには、生物の記録、地形の発達における重要な地学的進行過程、或は、重要な地形的、または、自然地理的特性などが含まれる。

　(ix) 陸上、淡水、沿岸、及び、海洋生態系と動植物群集の進化と発達において、進行しつつある重要な生態学的、生物学的プロセスを示す顕著な見本であるもの。

登録年月　1996年12月（第20回世界遺産委員会メリダ会議）

登録遺産の面積　940,000ha

登録物件の概要　ラップ人地域は、スカンジナビア半島北部のアジア系少数民族で先住民族のラップ人＜サーミ（サーメ）人＞の故郷。広大な北極圏で暮らす彼等は、毎年トナカイと共に、そりで、この地域にやってくる。遊牧生活を送るサーミ人の伝統文化が残る最大にして最後のラップランドは、高山植物も見られる山岳、氷河で運ばれたツンドラの堆石によってできた深い渓谷のフィヨルド、湖沼、滝、そして、川が流れる雄大な自然景観が素晴らしい。かつてのサーミ人の交易の中心地のユッカスヤルビの近くには、サーミ人の博物館、ラップランド唯一の木造教会、トナカイファームなどが見られる。また、イェリヴァーレの郊外には、サーミ人のキャンプ、ヴァグヴィサランがあり、伝統的な白樺の木で組んだ可動式のテントの"コータ"（Kaota）が建ち、トナカイが飼育されている。

分類　遺跡、文化的景観、自然景観、地形・地質、生態系

生物地理地区　旧北界 亜北極白樺林／西ユーラシア・タイガ
IUCNの管理カテゴリー　Ia. 厳正自然保護区（Strict Nature Reserve）
　II. 国立公園（National Park）
　IV. 種と生息地管理地域（Habitat/Species Management Area）

物件所在地　スウェーデン王国／ノールボッテン県

土地所有者　99% スウェーデン国家、1% ラップ人

保護　●サーレク国立公園（1909年）
　●ストーラ・ショーファレット国立公園（1909年）

●パジェランタ国立公園（1962年）

●ムッダス国立公園（1941年）

●シャウンニャ自然保護区（1988年）

●ストゥッバ自然保護区（1988年）

●シャウンニャミレー・ラパ渓谷三角州（ラムサール条約登録湿地）（1974年）

管理	ノールボッテン県管理局（The County Administration Board of Norrbotten）
利活用	観光
博物館	アイテ博物館（サーミ文化とスウェーデンの山の博物館）
	所在地　ヨックモック
	Ajtte, Svenskt fjall-och samemuseum Box 116　962 23　Jokkmokk　TEL：0971-170-70
	http://www.ajtte.com
伝統文化	サーミ（サーメ）文化

世界遺産を取り巻く脅威や危険

●サーミ（サーメ）人の遊牧民と伝統的な放牧地の所有者との軋轢

●オートバイや自動車の使用

●小屋、フェンス

●狩猟、釣り

●酸性雨

●春先のスノー・モービル

課題	世界遺産の登録範囲、コア・ゾーンとバッファー・ゾーンとの境界の明確化
参考URL	**http://whc.unesco.org/en/list/774**

サーレク国立公園　ラパダーレン三角州

ヨーロッパ・北米

サーレク国立公園

ヨーロッパ・北米

アマラスでのライディング・ツアー

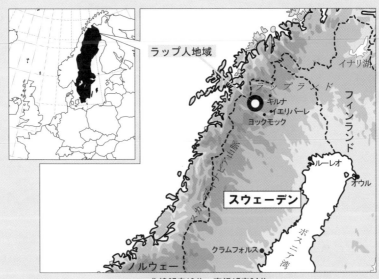

ラップ人地域

イナリ湖

ラップランド

キルナ
イエリバーレ
ヨックモック

フィンランド

ルーレオ

オウル

スウェーデン

クラムフォルス

ノルウェー

ボスニア湾

北緯67度19分　東経17度34分
標高 165m～2,089m（サレック国立公園のSarektjakka）

交通アクセス　●スットックホルムからルーレオまで、飛行機で1時間20分。
　　　　　　　●ルーレオからヨックモックまでは、バスで3時間。
　　　　　　　●ショーファッレ、リッセム、クヴィックヨックへもバス便あり。

ヨーロッパ・北米

ピマチオウィン・アキ

登録物件名	**Pimachiowin Aki**
遺産種別	**複合遺産**

登録基準　(iii) 現存する、または、消滅した文化的伝統、または、文明の、唯一の、または、少なくとも稀な証拠となるもの。
　　　　　(vi) 顕著な普遍的な意義を有する出来事、現存する伝統、思想、信仰、または、芸術的、文学的作品と、直接に、または、明白に関連するもの。
　　　　　(ix) 陸上、淡水、沿岸、及び、海洋生態系と動植物群集の進化と発達において、進行しつつある重要な生態学的、生物学的プロセスを示す顕著な見本であるもの。

登録年月　2018年7月（第42回世界遺産委員会マナーマ会議）

登録遺産の面積　コア・ゾーン　2,904,000ha　　バッファー・ゾーン　3,592,000ha

登録遺産の概要　ピマチオウィン・アキは、カナダの中央部、マニトバ州とオンタリオ州にまたがる北米最大のタイガ（亜寒帯針葉樹林）の自然環境と古来の伝統文化を誇る先住民集落の伝統的な土地（アキ）である。世界遺産の登録面積は2904,000ha、バッファーゾーンは35,926,000ha、ピマチオウィン・アキとは、狩猟採集漁撈民である先住民族のアニシナベ族（オジブワ族）の言語で「生命を与える大地」という意味である。世界遺産の登録範囲には、彼らが伝統的な生活を営んできた伝統的な土地と呼ばれる土地を含んでおり、不平等な条約によって、先住民の伝統的な土地はカナダに割譲された。その見返りとして、彼らは、狭い居留地・保留地と財政的援助を与えられた。しかしながら、彼らは自治へと向けて歩み出している。ピマチオウィン・アキは、2016年の第40回世界遺産委員会では、専門機関のICOMOSとIUCNから登録勧告をされていたが、5つの部族のひとつであるピカンギクム族が建設が計画されているバイポールⅢと呼ばれる送電線のルートに関する問題で、自分たちの土地への影響を懸念し、世界遺産の支援からの撤退を表明したことから情報照会決議となった珍しい事例であるが、先住民族と州との自然保護の協力が成立し世界遺産登録を実現した。

分類	遺跡、文化的景観、生態系
物件所在地	マニトバ州／オンタリオ州
保護	1982年憲法法第35条（カナダの先住民の先住民としての権利及び条約上の権利に対する憲法上の保護を規定）
管理	ピマチオウィン・アキ会社
利活用	観光

世界遺産を取り巻く脅威や危険
● 水力発電
● 道路建設
● 観光客の増加

参考URL　　**http://whc.unesco.org/en/list/1415**

ピマチオウィン・アキ

北緯51度49分　西経95度24分

ヨーロッパ・北米

交通アクセス　●マニトバ州の州都ウィニペグ、或は、オンタリオ州の州都トロントから車。

パパハナウモクアケア

登録物件名	**Papahānaumokuākea**
遺産種別	複合遺産

登録基準
- (iii) 現存する、または、消滅した文化的伝統、または、文明の、唯一の、または、少なくとも稀な証拠となるもの。
- (v) 特に、回復困難な変化の影響下で損傷されやすい状態にある場合における、ある文化（または、複数の文化）或は、環境と人間の相互作用、を代表する伝統的集落、または、土地利用の顕著な例。
- (vii) もっともすばらしい自然現象、または、ひときわすぐれた自然美をもつ地域、及び、美的な重要性を含むもの。
- (ix) 陸上、淡水、沿岸、及び、海洋生態系と動植物群集の進化と発達において、進行しつつある重要な生態学的、生物学的プロセスを示す顕著な見本であるもの。
- (x) 生物多様性の本来的保全にとって、もっとも重要かつ意義深い自然生息地を含んでいるもの。これには、科学上、または、保全上の観点から、すぐれて普遍的価値をもつ絶滅の恐れのある種が存在するものを含む。

登録年月	2010年8月（第34回世界遺産委員会ブラジリア会議）
登録遺産の面積	36,207,499ha

登録遺産の概要　パパハナウモクアケアは、太平洋、ハワイ諸島の北西250km、東西1931kmに広がる北西ハワイ諸島とその周辺海域に展開する。2006年6月に、ジョージ・W・ブッシュ大統領によって、北西ハワイ諸島海洋国家記念物に指定され、2007年1月にパパハナウモクアケア海洋国家記念物に改名された。パパハナウモクアケアは、面積が36万km²、世界最大級の海洋保護区（MPA）の一つで、動物の生態や自然に関する研究を行う政府関係者のみが住み、ミッドウェー環礁を除いては、一般人の立ち入りは禁止されている。北西ハワイ諸島では、パパハナウモクアケア海洋国家記念物は、陸域は少ないが、1400万を超える海鳥、それに、アオウミガメの産卵地であり、絶滅危惧種であるハワイモンクアザラシの生息地でもある。また、パールアンドハームズ礁、ミッドウェー環礁、クレ環礁は、多種多様な海洋生物の宝庫で、固有種が多い。パパハナウモクアケアは、大地に象徴される母なる神パパハナウモクと、空に象徴される父なる神ワケアを組み合わせたハワイ語の造語で、ニホア島とモクマナマナ島は、ハワイの原住民にとっての聖地であり、文化的に大変重要な考古学遺跡が発見されている。米国海洋大気局（NOAA）、米国内務省魚類野生生物局（FWS）、ハワイ州政府の管轄で、無許可での船舶の通行、観光、商業活動、野生生物の持ち出しは禁止されている。

分類	遺跡、文化的景観、自然景観、生態系、生物多様性
生物地理地区	the Northwestern Hawaian Islands
IUCNの管理カテゴリー	V. 景観保護地域（Protected Landscape/Seascape）
物件所在地	アメリカ合衆国／ハワイ州
所有者	連邦政府、ハワイ州（クレ環礁）
保護	●パパハナウモクアケア海洋国家記念物（2007年1月）
管理	●米国内務省魚類野生生物局（FWS） ●米国海洋大気局（NOAA） ●ハワイ州政府Land and Natural Resources部
利活用	環境教育
世界遺産を取り巻く脅威や危険	●ハリケーン　●津波　●船舶の座礁　●航行船舶による油汚染
課題	●世界遺産の登録範囲、コア・ゾーンとバッファー・ゾーンとの境界の明確化 ●環境教育やエコ・ツーリズムなど利活用
備考	ミッドウェー環礁を除いては、一般人の立ち入りは禁止されている。
参考URL	http://whc.unesco.org/en/list/1326

ヨーロッパ・北米

絶滅の危機にさらされているハワイモンクアザラシ

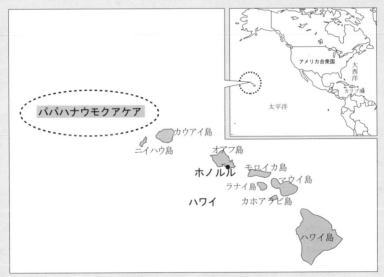

北緯25度20分56秒　西経170度8分4秒

交通アクセス　●ミッドウェー環礁へは、ホノルルから船、或は、軽飛行機。

ヨーロッパ・北米

カンペチェ州、カラクムルの古代マヤ都市と熱帯林保護区

登録物件名	Ancient Maya City and Protected Tropical Forests of Calakmul, Campeche
遺産種別	複合遺産

登録基準　(i) 人類の創造的天才の傑作を表現するもの。
　　　　　(ii) ある期間を通じて、または、ある文化圏において、建築、技術、記念碑的芸術、町並み計画、景観デザインの発展に関し、人類の価値の重要な交流を示すもの。
　　　　　(iii) 現存する、または、消滅した文化的伝統、または、文明の、唯一の、または、少なくとも稀な証拠となるもの。
　　　　　(iv) 人類の歴史上重要な時代を例証する、ある形式の建造物、建築物群、技術の集積、または、景観の顕著な例。
　　　　　(vi) 顕著な普遍的意義を有する出来事、現存する伝統、思想、信仰、または、芸術的、文学的作品と、直接に、または、明白に関連するもの。
　　　　　(ix) 陸上、淡水、沿岸、及び、海洋生態系と動植物群集の進化と発達において、進行しつつある重要な生態学的、生物学的プロセスを示す顕著な見本であるもの。
　　　　　(x) 生物多様性の本来的保全にとって、もっとも重要かつ意義深い自然生息地を含んでいるもの。これには、科学上、または、保全上の観点から、すぐれて普遍的価値をもつ絶滅の恐れのある種が存在するものを含む。

登録年月　　2002年 6月 （第26回世界遺産委員会ブダペスト会議） 文化遺産として登録
　　　　　　2014年12月 （第38回世界遺産委員会ドーハ会議）
　　　　　　　　　　自然遺産としての価値も認められ複合遺産に変更

登録遺産の面積　331,397ha　　　　バッファー・ゾーン　391,788ha

登録遺産の概要　カンペチェ州、カラクムルの古代マヤ都市と熱帯林保護区は、メキシコの南部、カンペチェ州のカラクムル市にある。カラクムルは、ユカタン半島の中南部の熱帯林の奥にある重要な古代マヤ都市の遺跡で、1931年に発見された。カラクムルは、ティカルと並ぶほどの規模の都市で、1200年以上もの間この地域の都市・建築、芸術などの発展に主要な役割を果たした。カラクムルに残されている多くのモニュメントは、都市の政治的、精神的な発展に光明を与えたマヤ芸術の顕著な事例である。カラクムルの都市の構造と配置の保存状態はきわめてよく、古代マヤ文明の時代の首都の生活の様子や文化が鮮明にわかる。また、この物件は、世界三大ホットスポットの一つであるメキシコ中央部からパナマ運河までの全ての亜熱帯と熱帯の生態系システムを含むメソアメリカ生物多様性ホットスポット内にあり、自然遺産の価値も評価された。第38回世界遺産委員会ドーハ会議で、登録範囲を拡大、登録基準、登録遺産名も変更し、複合遺産として再登録した。

分類	遺跡、生態系、生物多様性
生物地理地区	新熱帯区 （Neotropic）
物件所在地	メキシコ合衆国／カンペチェ州カラクムル市
保護	カラクムル生物圏保護区 （1989年）
管理	●国立人類学博物館 （INAH） ●国家自然保護区委員会 （CONANP）
利活用	観光

世界遺産を取り巻く脅威や危険
　　　　　　　　●森林火災　●焼畑農業　●無秩序な開発　●高速道路の建設　●観光圧力

参考URL　　http://whc.unesco.org/en/list/1061

ラテンアメリカ・カリブ

カンペチェ州、カラクムルの古代マヤ都市と熱帯林保護区

北緯18度3分10秒　西経89度44分14秒

交通アクセス　●マヤ遺跡観光の拠点、シュプヒルまでは、チェトゥマルから車で約2時間。

ラテンアメリカ・カリブ

テワカン・クィカトラン渓谷　メソアメリカの起源となる環境

登録物件名		Tehuacan-Cuicatlan Valley: originary habitat of Mesoamerica, Mexico
遺産種別		複合遺産
登録基準	(iv)	人類の歴史上重要な時代を例証する、ある形式の建造物、建築物群、技術の集積、または、景観の顕著な例。
	(x)	生物多様性の本来的保全にとって、もっとも重要かつ意義深い自然生息地を含んでいるもの。これには、科学上、または、保全上の観点から、すぐれて普遍的価値をもつ絶滅の恐れのある種が存在するものを含む。
登録年月		2018年7月（第42回世界遺産委員会マナーマ会議）
登録遺産の面積		145,255.2ha　　　バッファー・ゾーン　344,931.68ha

登録遺産の概要　テワカン・クィカトラン渓谷　メソアメリカの起源となる環境は、メキシコの南東部、プエブラ州の南東部とオアハカ州の北部にまたがる生物圏保護区である。世界遺産の登録面積は145,255ha、バッファーゾーンは344,932ha、構成資産はサポティトゥラン-クィカトラン、サン・ファン・ラヤ、プロンの3つからなる。テワカン・クィカトラン渓谷は初期のトウモロコシ栽培が行われた土地でありメソアメリカの原生的な生息地である。

分類	遺跡群
物件所在地	プエブラ州／オアハカ州
構成資産	●サポティトゥラン-クィカトラン(Zapotitlan - Cuicatlán) ●サン・ファン・ラヤ(San Juan Raya) ●プロン(Purrón)
保護	考古学・芸術・歴史的記念物及び地区に関する連邦法（1972年5月／2015年1月）
管理	●国立人類学博物館（INAH） ●国家自然保護区委員会（CONANP）

世界遺産を取り巻く脅威や危険
- ●風化、浸食
- ●地滑り
- ●破壊・略奪行為

備考	メソアメリカとは、ポール・キルヒホフ（1909～1972年）によって1943年に提唱され一般化しつつある名称で、メキシコの北部を除いた全域、グアテマラ、ベリーズ、エルサルバドルの全域、ホンジュラス、ニカラグア、コスタリカの西側部分を含む地域を指す。
参考URL	http://whc.unesco.org/en/list/1534

ラテンアメリカ・カリブ

テワカン・クィカトラン渓谷

北緯17度59分　西経97度11分

交通アクセス　　●プエブラから最寄りのサン・ファン・ラヤまで車で2時間30分。

ラテンアメリカ・カリブ

ティカル国立公園

登録物件名	**Tikal National Park**
遺産種別	複合遺産

登録基準　(i)　人類の創造的天才の傑作を表現するもの。

(iii)　現存する、または、消滅した文化的伝統、または、文明の、唯一の、または、少なくとも稀な証拠となるもの。

(iv)　人類の歴史上重要な時代を例証する、ある形式の建造物、建築物群、技術の集積、または、景観の顕著な例。

(ix)　陸上、淡水、沿岸、及び、海洋生態系と動植物群集の進化と発達において、進行しつつある重要な生態学的、生物学的プロセスを示す顕著な見本であるもの。

(x)　生物多様性の本来的保全にとって、もっとも重要かつ意義深い自然生息地を含んでいるもの。これには、科学上、または、保全上の観点から、すぐれて普遍的価値をもつ絶滅の恐れのある種が存在するものを含む。

登録年月　　　1979年10月（第3回世界遺産委員会ルクソール会議）

登録遺産の面積　57,600ha

登録物件の概要　ティカル国立公園は、グアテマラ北東部のペテン州の熱帯林にある高度な石造技術を誇るマヤ文明の最大最古の都市遺跡で、1955年に国立公園に指定された。ティカルには、紀元前から人が住み、3～8世紀には周辺を従え、マヤ文明の中心になったと考えられている。海抜250mの密林の中に、中央広場を中心に、「ジャガー」、「仮面」、「双頭の蛇」などと名付けられた階段状のピラミッド神殿群、持送り式アーチ構造の宮殿群などを結ぶ大通り、漆喰による建築装飾、マヤ文字が彫られた石碑（ステラ）の建立など、マヤ古典期の初めから中心的存在として栄えたが、10世紀初めに起こった干ばつを乗り越えることが出来ず、他の低地にあるマヤ諸都市と同様に放棄された。ティカルは、テオティワカン文化＜「テオティワカン古代都市」（メキシコ）1987年　世界遺産登録＞の強い影響を受けていることも特徴のひとつである。ティカル遺跡の全体は、小さな建造物群が散在する部分を含めると120km²の広さに4000以上の建造物の遺跡を数え、都市域は、約16km²に及ぶ。また、ティカルは、熱帯の森林生態系、それに、オオアリクイ、ピューマ、サル、鳥類などの生物多様性が豊かで、1990年にユネスコのマヤ生物圏保護区にも指定されている。

分類	遺跡、生態系(森林)、生物多様性
生物地理地区	新熱帯界　カンペチェ
IUCNの管理カテゴリー	Ia. 厳正自然保護区（Strict Nature Reserve）
物件所在地	グアテマラ共和国／ペテン州
所有者	グアテマラ国家
保護	●国の記念物（1931年）
	●ティカル国立公園（1955年）
	●ユネスコ・マヤ生物圏保護区（1990年）

管理	●考古学・歴史研究所（Institute of Anthropology and History） ●国立保護地域群理事会（National Council of Protected Areas　略称CONAP） ●文化・スポーツ省（Ministry of Culture & Sports）
利活用	観光、博物館
博物館	●ティカル遺跡博物館 ●グアテマラ国立考古学民族学博物館　グアテマラ・シティ

世界遺産を取り巻く脅威や危険
- ●火災
- ●盗難
- ●遺跡の破壊行為
- ●植物の採取や動物の密猟
- ●外来種の侵入
- ●石油の掘削
- ●観光圧力

課題	世界遺産の登録範囲、コア・ゾーンとバッファー・ゾーンとの境界の明確化
備考	ティカル遺跡が発見されたのは、17世紀末にスペイン人の神父が布教の帰途に、密林の中に迷い込んだ偶然からであった。
参考URL	**http://whc.unesco.org/en/list/64**

鬱蒼とした熱帯林地帯でマヤ文明の中心都市として栄えた。

ラテンアメリカ・カリブ

ティカル　2号神殿、別名「仮面の神殿」とも言われる。

ティカル　1号神殿、別名「ジャガーの神殿」とも言われる。

ラテンアメリカ・カリブ

マヤ遺跡（世界遺産に登録されているもの）

北緯17度13分　西経89度37分　標高 185m～400m

交通アクセス　●ティカルへの最寄りの町フローレスへは、グアテマラ・シティから飛行機で
　　　　　　　　約1時間。そこからバスで約1時間30分。

ラテンアメリカ・カリブ

ブルー・ジョン・クロウ山脈

登録物件名	**Blue and John Crow Mountains**
遺産種別	複合遺産

登録基準　(iii) 現存する、または、消滅した文化的伝統、または、文明の、唯一の、または、少なくとも稀な証拠となるもの。

(vi) 顕著な普遍的な意義を有する出来事、現存する伝統、思想、信仰、または、芸術的、文学的作品と、直接に、または、明白に関連するもの。

(x) 生物多様性の本来的保全にとって、もっとも重要かつ意義深い自然生息地を含んでいるもの。これには、科学上、または、保全上の観点から、すぐれて普遍的価値をもつ絶滅の恐れのある種が存在するものを含む。

登録年月　2015年7月（第39回世界遺産委員会ボン会議）

登録遺産の面積　26,252ha　　バッファー・ゾーン　28,494ha

登録遺産の概要　ブルー・ジョン・クロウ山脈（BJCM）は、ジャマイカの南東部、コーヒーの銘柄ブルーマウンテンで知られるブルーマウンテン山脈とジョン・クロウ山脈などを含む保護区で、文化的には、奴隷解放の歴史と密接に結びついていることが評価され、自然的には、カリブ海諸島の生物多様性ホットスポットとして、固有種の地衣類や苔類の植物などが貴重であることが評価されたジャマイカ初の世界遺産である。ジャマイカ島のブルーマウンテン山脈の中に、白人支配下の農場から脱出した逃亡奴隷が造り上げたコミュニティがある。アフリカからジャマイカ島に連れて来られた黒人が、奴隷として白人の農場で働かされていた17世紀初頭、白人達に反旗を翻した逃亡奴隷達は、マルーンと呼ばれた。「ムーアの町のマルーン遺産」は、2008年に世界無形文化遺産に登録されている。

分類	遺跡、生物多様性
生物地理地区	新熱帯区（Neotropic）
IUCNの管理カテゴリー	II. 国立公園（National Park）
物件所在地	ジャマイカ／サリー郡（東部）セント・アンドリュー、セント・トーマス
保護	●ブルー・ジョン・クロウ山脈国立公園（BJCMNP）（1993年） ●ブルー・マウンティン森林保護区（1945〜1965年）
管理	●ジャマイカ環境計画庁 ●ジャマイカ保全・開発トラスト ●ジャマイカ国家遺産トラスト（JNHT）
利活用	観光

世界遺産を取り巻く脅威や危険
　　　　　　●開発圧力　●観光圧力　●気候変動　●乱伐　●森林劣化

備考	●コーヒーの銘柄「ブルー・マウンティン」の産地 ●「ムーアの町のマルーン遺産」は、2008年に世界無形文化遺産に登録されている。
参考URL	**http://whc.unesco.org/en/list/1356**

ラテンアメリカ・カリブ

ブルー・ジョン・クロウ山脈

北緯18度4分39秒　西経76度34分16秒

交通アクセス　　●ジョージタウンから車。

ラテンアメリカ・カリブ

チリビケテ国立公園ージャガーの生息地

登録物件名	**Chiribiquete National Park "The Maloca of the Jaguar"**
遺産種別	複合遺産

登録基準 (iii) 現存する、または、消滅した文化的伝統、または、文明の、唯一の、または、少なくとも稀な証拠となるもの。

(ix) 陸上、淡水、沿岸、及び、海洋生態系と動植物群集の進化と発達において、進行しつつある重要な生態学的、生物学的プロセスを示す顕著な見本であるもの。

(x) 生物多様性の本来的保全にとって、もっとも重要かつ意義深い自然生息地を含んでいるもの。これには、科学上、または、保全上の観点から、すぐれて普遍的価値をもつ絶滅の恐れのある種が存在するものを含む。

登録年月 2018年7月 （第42回世界遺産委員会マナーマ会議）

登録遺産の面積 2,782,354ha バッファー・ゾーン 3,989,682.82ha

登録遺産の概要 チリビケテ国立公園ージャガーの生息地は、コロンビアの中央部、ギアナ生物地理学的地域の西端のアマゾナス地方グアビアーレ県のソラノにあるコロンビア・アマゾンの秘境である。世界遺産の登録面積は278,354ha、バッファーゾーンは3,989,683haである。文化的には先史時代の岩陰遺跡や岩絵が残る。チリビケテ国立公園の面積は、約1,280,000haで、コロンビアでは最大の広がりを有する国立公園システムの保全ユニットである。地球上の最古の岩層の一つであるギアナ高地、公園の中心部を流れるメサイ川とクナレ川の2つの主な川を通じて、高さが50〜70mもある滝がある 先住民の言葉で「神の住む場所」を意味する「テプイ」の頂上から流れ落ちるアパポリス川、ヤリ川 、ツニア川などの急流は、この場所に類いない美しさをもたらす。「テプイ」には、狩猟、戦争、舞踊、儀式などを描いた7万5千点にも及ぶ岩絵が残されており、ジャガー信仰をはじめとした古代民族の文化をいまに伝えている。

分類	遺跡、生態系、生物多様性
物件所在地	アマゾナス地方グアビアーレ県ソラノ
保護	チリビケテ国立公園（1989年9月21日指定）
管理	環境・持続可能開発省 農業省

世界遺産を取り巻く脅威や危険
- 開発圧力
- 観光圧力

備考 文化的には先史時代の岩陰遺跡や岩絵が残っており、その芸術性から「アマゾンのシスティーナ礼拝堂」と形容されている。

参考URL http://whc.unesco.org/en/list/1174

ラテンアメリカ・カリブ

チリビケテ国立公園の岩絵

北緯0度31分　西経72度47分

交通アクセス　●サンホセ・デル・グアビアーレ市から車。

ラテンアメリカ・カリブ

マチュ・ピチュの歴史保護区

登録物件名	**Historic Sanctuary of Machu Picchu**
遺産種別	複合遺産

登録基準　(i) 人類の創造的天才の傑作を表現するもの。

(iii) 現存する、または、消滅した文化的伝統、または、文明の、唯一の、または、少なくとも稀な証拠となるもの。

(vii) もっともすばらしい自然的現象、または、ひときわすぐれた自然美をもつ地域、及び、美的な重要性を含むもの。

(ix) 陸上、淡水、沿岸、及び、海洋生態系と動植物群集の進化と発達において、進行しつつある重要な生態学的、生物学的プロセスを示す顕著な見本であるもの。

登録年月　1983年12月（第7回世界遺産委員会フィレンツェ会議）

登録遺産の面積　32,592ha

登録遺産の概要　マチュ・ピチュは、インカ帝国の首都であったクスコの北約114km、アンデス中央部を流れるウルバンバ川上流の緑鮮やかな熱帯雨林に覆われた山岳地帯、標高2430mの四方を絶壁で隔てられた自然の要害の地にあるかつてのインカ帝国の要塞都市。空中からしかマチュ・ピチュ（老いた峰）とワイナ・ピチュ（若い峰）の稜線上に展開する神殿、宮殿、集落遺跡、段々畑などの全貌を確認出来ないため、「謎の空中都市」とも言われている。総面積5km²の約半分は斜面、高さ5m、厚さ1.8mの城壁に囲まれ、太陽の神殿、王女の宮殿、集落遺跡、棚田、井戸、排水溝、墓跡などが残る。日時計であったとも、生贄を捧げた祭壇であったとも考えられているインティワタナなど高度なインカ文明と祭祀センターが存在したことがわかる形跡が至る所に見られ、当時は、完全な自給自足体制がとられていたものと思われる。アメリカの考古学者ハイラム・ビンガムが1911年に発見、長らく発見されなかったためスペインの征服者などからの侵略や破壊をまぬがれた。また、マチュ・ピチュは、段々畑で草を食むリャマの光景が印象的であるが、周囲の森林には、絶滅の危機にさらされているアンデス・イワドリやオセロット、それに、珍獣のメガネグマも生息している。2008年の第32回世界遺産委員会ケベック・シティ会議で、森林伐採、地滑りの危険、無秩序な都市開発と聖域への不法侵入の監視強化が要請された。

分類　遺跡、自然景観、生態系（森林）

生物地理地区　新熱帯界 ユンガス
IUCNの管理カテゴリー　VI. 資源管理保護地域（Managed Resource Protected Area）

物件所在地　ペルー共和国／クスコ県
主な構成資産
- ●主神殿
- ●3つの窓の神殿
- ●コンドルの神殿
- ●太陽の神殿
- ●インティワタナ（現地語で、太陽をつなぐものの意。太陽信仰の場）
- ●水汲み場
- ●遺跡の斜面にある段々畑
　（じゃがいも、トウモロコシなどの農作物が栽培されていた）
- ●見張り小屋（マチュピチュが一番美しく見渡せる場所）
- ●ワイナ・ピチュ（若い峰の意）
　片道40〜60分にて登ることができる。

ラテンアメリカ・カリブ

| 所有者 | ペルー国家、クスコ県 |

保護	●国の歴史保護区（1981年）
管理	●国立文化研究所（INC）
	●国立自然資源研究所（INRENA）
利活用	観光、映画やテレビのロケ
映画の舞台	●モーターサイクル・ダイアリーズ（2004年）
	●天空の城ラピュタ（宮崎駿アニメ 1986年）

世界遺産を取り巻く脅威や危険

●観光圧力（観光入込客数 300,000人／年）→ 入山制限
●遊覧飛行 → 生態系への影響
●地滑り
2010年1月24日、マチュピチュ遺跡付近で、豪雨による土砂崩れが発生、
クスコに至る鉄道が寸断され、日本人観光客を含む約2000人が足止めされた。

| モニタリング | 2008年の第32回世界遺産委員会ケベック・シティ会議で、森林伐採、地滑りの危険、無秩序な都市開発と聖域への不法侵入の監視強化が要請された。 |

| 課題 | 世界遺産の登録範囲、コア・ゾーンとバッファー・ゾーンとの境界の明確化 |
| 備考 | マチュ・ピチュ遺跡は、1911年にアメリカの考古学者ハイラム・ビンガム（1875～1956年）によって発見された。彼は、映画「インディー・ジョーンズ」の主人公のモデルともいわれている。 |

| 参考URL | **http://whc.unesco.org/en/list/274** |

正面に見えるのがワイナ・ピチュ（若い峰）、左下にはウルバンバ川が流れる。

ラテンアメリカ・カリブ

インカ時代の見事な石積みと卓越した石工技術

マチュ・ピチュへの最寄り駅、ペルー鉄道のアグアスカリエンテス駅

ラテンアメリカ・カリブ

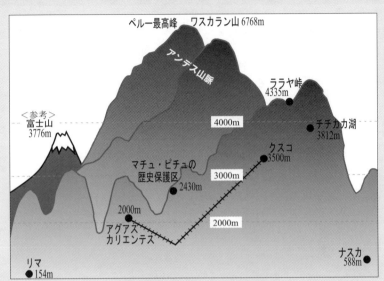

ペルーの標高とマチュ・ピチュの標高

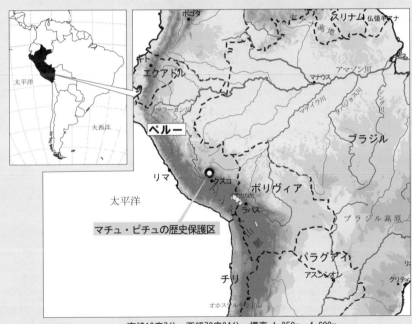

南緯13度7分　西経72度34分　標高 1,850m～4,600m

交通アクセス　●クスコからマチュピチュまでアウト・ヴァゴン（観光列車）とバスを乗り継ぎ
　　　　　　　　4時間。ヘリコプターであれば約15分。

ラテンアメリカ・カリブ

リオ・アビセオ国立公園

登録物件名	**Rio Abiseo National Park**
遺産種別	複合遺産

登録基準
(iii) 現存する、または、消滅した文化的伝統、または、文明の、唯一の、または、少なくとも稀な証拠となるもの。
(vii) もっともすばらしい自然的現象、または、ひときわすぐれた自然美をもつ地域、及び、美的な重要性を含むもの。
(ix) 陸上、淡水、沿岸、及び、海洋生態系と動植物群集の進化と発達において、進行しつつある重要な生態学的、生物学的プロセスを示す顕著な見本であるもの。
(x) 生物多様性の本来的保全にとって、もっとも重要かつ意義深い自然生息地を含んでいるもの。これには、科学上、または、保全上の観点から、すぐれて普遍的価値をもつ絶滅の恐れのある種が存在するものを含む。

登録年月 1990年12月（第14回世界遺産委員会バンフ会議）自然遺産として登録
1992年12月（第16回世界遺産委員会サンタ・フェ会議）文化遺産としての価値も認められ複合遺産に変更

登録遺産の面積 274,520ha

登録遺産の概要 リオ・アビセオ国立公園は、ペルー中西部のアンデス山脈やアマゾン川源流域のアビセオ川と熱帯雨林の深いジャングルに囲まれた自然公園とプレインカ時代の遺跡。リオ・アビセオ国立公園の原生林には、黄色尾サル、メガネ熊、ヤマバク、オオアルマジロ、ジャガーなどの固有種や絶滅危惧種などの貴重な動物、ハチドリ、コンゴウインコ、オニオオハシなどの鳥類、それに、各種の蘭をはじめ、パイナップル科、イネ科、バラ科、それに、シダ類など5000種以上の植物の宝庫となっている。また、住居跡が残るグラン・パハテン遺跡やロス・ピンテュドス遺跡など36もの約8000年前のプレインカ時代の遺跡も発掘されているが、未だに多くは手つかずのままで、今後の調査研究が待たれている。リオ・アビセオ国立公園は、伐採や開墾を免れた数少ない秘境で、世界で最も人が近づきにくい自然公園の一つであるが、周辺農民による家畜の放牧や森林火災などの保護管理上の課題がある。

分類 遺跡、自然景観、生態系（森林）、生物多様性

生物地理地区 新熱帯界 北部アンデス／ユンガス
IUCNの管理カテゴリー II. 国立公園（National Park）

物件所在地 ペルー共和国／サン・マルティン県
所有者 ペルー国家

保護 ●リオ・アビセオ国立公園（1983年）
管理 農業省（Ministry of Agriculture）
世界遺産を取り巻く脅威や危険
●グラン・パハテン遺跡の劣化 ●鉱山開発 ●農村開発
●放牧 ●密猟
課題 ●世界遺産の登録範囲、コア・ゾーンとバッファー・ゾーンとの境界の明確化
●周辺農民による家畜の放牧や森林火災などへの保護管理上の対策
●遺跡の発掘調査
●エコ・ツーリズムなどの利活用
参考URL http://whc.unesco.org/en/list/548

ラテンアメリカ・カリブ

プレインカ時代の遺跡が残るリオ・アビセオ国立公園

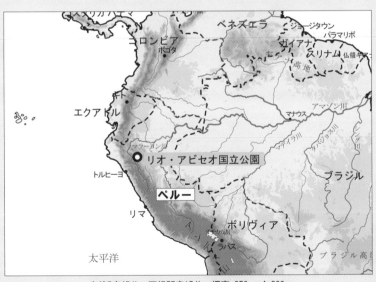

南緯7度45分　西経77度15分　標高 350m～4,200m

交通アクセス　● リマから飛行機でトルヒーヨまで45分、
　　　　　　　　　　トルヒーヨから陸路600kmのアンデス越え。

ラテンアメリカ・カリブ

パラチとイーリャ・グランデー文化と生物多様性

登録物件名	**Paraty and Ilha Grande – Culture and Biodiversity**
遺産種別	複合遺産

登録基準
(v) 特に、回復困難な変化の影響下で損傷されやすい状態にある場合における、ある文化（または、複数の文化）或は、環境と人間の相互作用、を代表する伝統的集落、または、土地利用の顕著な例。

(x) 生物多様性の本来的保全にとって、もっとも重要かつ意義深い自然生息地を含んでいるもの。これには、科学上、または、保全上の観点から、すぐれて普遍的価値をもつ絶滅の恐れのある種が存在するものを含む。

登録年月　2019年7月（第43回世界遺産委員会バクー会議）

登録遺産の面積　173,164.18ha　　　バッファー・ゾーン　258,921ha

登録遺産の概要　パラチとイーリャ・グランデー文化と生物多様性は、ブラジルの南東部、リオデジャネイロ州とサンパウロ州にまたがる複合遺産。パラチは、大西洋のイーリャ・グランジ湾に面するリオデジャネイロ州の最南西の港町で、18世紀にミナス・ジェライス州で採掘されていた金を19世紀にはサンパウロ州の東部のヴァレ・ド・パライバ地域からのコーヒーをポルトガルに運ぶための積出港として発展、「黄金の道」の重要な港であった。ドーレス教会、ヘメジオス教会、イグレジャ・ヂ・サンタ・ヒータ教会をはじめ、石畳の道や18～19世紀に建てられたコロニアル様式の美しい建造物が数多く残っている。登録面積が204,634ha、バッファーゾーンが258,921ha、構成資産は、セーハ・ダ・ボカイーナ国立公園、イーリャ・グランデ州立公園、プライアド・スル生物圏保護区、カイリュク環境保護地域、パラチの歴史地区、モロ・ダ・ヴィラ・ヴェーリャの6件からなる。ボッカイノ山脈を背にしたパラチは、この地方特産の魚の名前からその名がついたといわれ、この小さなポルトガルの植民地の町であった旧市街は、1966年に歴史地区に指定され国立歴史遺産研究所（IPHAN）によって保護されている。

分類　遺跡群、生物多様性

物件所在地　リオデジャネイロ州、サンパウロ州

構成資産
- セーハ・ダ・ボカイーナ国立公園 (Serra da Bocaina National Park)
- イーリャ・グランデ州立公園 (Ilha Grande State Park)
- プライアド・スル生物圏保護区 (Praia do Sul Biological Reserve)
- カイリュク環境保護地域 (Environmental Protection Area of Cairuçu)
- パラチの歴史地区 (Paraty Historic Center)
- モロ・ダ・ヴィラ・ヴェーリャ (Morro da Vila Velha)

保護　連邦法No.1.450（1945年9月18日）
管理　国立歴史遺産研究所（IPHAN）

世界遺産を取り巻く脅威や危険
- 高速道路BR-101建設に伴う不動産、観光など開発圧力
- パラチの歴史地区に隣接するマングローブ林での水質汚染
- イーリャ・グランデ（グランデ島）の様な島々でのゴミ回収
- 雨季の地すべりなど

参考URL　http://whc.unesco.org/en/list/1308

パラチとイーリャ・グランデー文化と生物多様性

南緯23度1分　西経44度41分

交通アクセス　●リオデジャネイロから車で西へ、コスタベルデが最寄りの町。

ラテンアメリカ・カリブ

〈著者プロフィール〉

古田 陽久（ふるた・はるひさ　FURUTA Haruhisa）**世界遺産総合研究所 所長**

1951年広島県生まれ。1974年慶応義塾大学経済学部卒業、1990年シンクタンクせとうち総合研究機構を設立。アジアにおける世界遺産研究の先覚・先駆者の一人で、「世界遺産学」を提唱し、1998年世界遺産総合研究所を設置、所長兼務。毎年の世界遺産委員会や無形文化遺産委員会などにオブザーバー・ステータスで参加、中国杭州市での「首届中国大運河国際高峰論壇」、クルーズ船「にっぽん丸」、三鷹国際交流協会の国際理解講座、日本各地の青年会議所（JC）での講演など、その活動を全国的、国際的に展開している。これまでにイタリア、中国、スペイン、フランス、ドイツ、インド、メキシコ、英国、ロシア連邦、アメリカ合衆国、ブラジル、オーストラリア、ギリシャ、カナダ、トルコ、ポルトガル、ポーランド、スウェーデン、ベルギー、韓国、スイス、チェコ、ペルーなど68か国、約300の世界遺産地を訪問している。
現在、広島市佐伯区在住。

【専門分野】世界遺産制度論、世界遺産論、自然遺産論、文化遺産論、危機遺産論、地域遺産論、日本の世界遺産、世界無形文化遺産、世界の記憶、世界遺産と教育、世界遺産と観光、世界遺産と地域づくり・まちづくり

【著書】「世界の記憶遺産60」(幻冬舎)、「世界遺産データ・ブック」、「世界無形文化遺産データ・ブック」、「世界の記憶データ・ブック」（世界の記憶データブック）、「誇れる郷土データ・ブック」、「世界遺産ガイド」シリーズ、「ふるさと」「誇れる郷土」シリーズなど多数。

【執筆】連載「世界遺産への旅」、「世界の記憶の旅」、日本政策金融公庫調査月報「連載『データで見るお国柄』」、「世界遺産を活用した地域振興―『世界遺産基準』の地域づくり・まちづくり―」(月刊「地方議会人」)、中日新聞・東京新聞サンデー版「大図解危機遺産」、「現代用語の基礎知識2009」(自由国民社) 世の中ペディア「世界遺産」など多数。

【テレビ出演歴】TBSテレビ「ひるおび」、「NEWS23」、「Nスタニュース」、テレビ朝日「モーニングバード」、「やじうまテレビ」、「ANNスーパーJチャンネル」、日本テレビ「スッキリ!!」、フジテレビ「めざましテレビ」、「スーパーニュース」、「とくダネ!」、「NHK福岡ロクいち！」など多数。

【ホームページ】「世界遺産と総合学習の杜」http://www.wheritage.net/

世界遺産ガイド ―複合遺産編― 2020改訂版

2020年（令和2年）4 月 24 日　初版 第1刷

著　　　者　　古田　陽久
企画・編集　　世界遺産総合研究所
発　　　行　　シンクタンクせとうち総合研究機構 ©
　　　　　　　〒731-5113
　　　　　　　広島市佐伯区美鈴が丘緑三丁目4番3号
　　　　　　　TEL＆FAX　082-926-2306
　　　　　　　郵 便 振 替　01340-0-30375
　　　　　　　電子メール　wheritage@tiara.ocn.ne.jp
　　　　　　　インターネット　http://www.wheritage.net
　　　　　　　出版社コード　86200

Complied and Printed in Japan, 2020　ISBN978-4-86200-236-5 C1526 Y2600E

発行図書のご案内

世 界 遺 産 シ リ ー ズ

世界遺産データ・ブック 2020年版 【新刊】 978-4-86200-228-0 本体 2778円 2019年8月
最新のユネスコ世界遺産1121物件の全物件名と登録基準、位置を掲載。ユネスコ世界遺産の概要も充実。世界遺産学習の上での必携の書。

世界遺産事典-1121全物件プロフィール- 2020改訂版 【新刊】 978-4-86200-229-7 本体 2778円 2019年8月
世界遺産1121物件の全物件プロフィールを収録。 2020改訂版

世界遺産キーワード事典 2009改訂版 978-4-86200-133-7 本体 2000円 2008年9月発行
世界遺産に関連する用語の紹介と解説

世界遺産マップス-地図で見るユネスコの世界遺産- 2020改訂版 【新刊】 978-4-86200-232-7 本体 2600円 2019年12月発行
世界遺産1121物件の位置を地域別・国別に整理

世界遺産ガイド-世界遺産条約採択40周年特集- 978-4-86200-172-6 本体 2381円 2012年11月発行
世界遺産の40年の歴史を特集し、持続可能な発展を考える。

世界遺産フォトス -写真で見るユネスコの世界遺産- 4-916208-22-6 本体 1905円 1999年8月発行
第2集-多様な世界遺産- 4-916208-50-1 本体 2000円 2002年1月発行
世界遺産の多様性を写真資料で学ぶ。 第3集-海外と日本の至宝100の記憶- 978-4-86200-148-1 本体 2381円 2010年1月発行

世界遺産入門-平和と安全な社会の構築- 978-4-86200-191-7 本体 2500円 2015年5月発行
世界遺産を通じて「平和」と「安全」な社会の大切さを学ぶ

世界遺産学入門-もっと知りたい世界遺産- 4-916208-52-8 本体 2000円 2002年2月発行
新しい学問としての「世界遺産学」の入門書

世界遺産学のすすめ-世界遺産が地域を拓く- 4-86200-100-9 本体 2000円 2005年4月発行
普遍的価値を顕す世界遺産が、閉塞した地域を拓く

世界遺産概論<上巻><下巻> 世界遺産の基礎的事項をわかりやすく解説 上巻 978-4-86200-116-0 2007年1月発行
下巻 978-4-86200-117-7 本体 各2000円

世界遺産ガイド-ユネスコ遺産の基礎知識- 978-4-86200-184-9 本体 2500円 2014年3月発行
混同するユネスコ三大遺産の違いを明らかにする

世界遺産ガイド-世界遺産条約編- 4-916208-34-X 本体 2000円 2000年7月発行
世界遺産条約を特集し、条約の趣旨や目的などポイントを解説

世界遺産ガイド -世界遺産条約とオペレーショナル・ガイドラインズ編- 978-4-86200-128-3 本体 2000円 2007年12月発行
世界遺産条約とその履行の為の作業指針について特集する

世界遺産ガイド-世界遺産の基礎知識編- 2009改訂版 978-4-86200-132-0 本体 2000円 2008年10月発行
世界遺産の基礎知識をQ&A形式で解説

世界遺産ガイド-図表で見るユネスコの世界遺産編- 4-916208-89-7 本体 2000円 2004年12月発行
世界遺産をあらゆる角度からグラフ、図表、地図などで読む

世界遺産ガイド-情報所在源編- 4-916208-84-6 本体 2000円 2004年1月発行
世界遺産に関連する情報所在源を各国別、物件別に整理

世界遺産ガイド-自然遺産編- 2020改訂版 【新刊】 978-4-86200-234-1 本体 2600円 2020年4月発行
ユネスコの自然遺産の全容を紹介

世界遺産ガイド-文化遺産編- 2020改訂版 【新刊】 978-4-86200-235-8 本体 2600円 2020年4月発行
ユネスコの文化遺産の全容を紹介

世界遺産ガイド-文化遺産編- 1. 遺跡 4-916208-32-3 本体 2000円 2000年8月発行
2. 建造物 4-916208-33-1 本体 2000円 2000年9月発行
3. モニュメント 4-916208-35-8 本体 2000円 2000年10月発行
4. 文化的景観 4-916208-53-6 本体 2000円 2002年1月発行

世界遺産ガイド-複合遺産編- 2020改訂版 【新刊】 978-4-86200-236-5 本体 2600円 2020年4月発行
ユネスコの複合遺産の全容を紹介

世界遺産ガイド-危機遺産編- 2020改訂版 【新刊】 978-4-86200-237-2 本体 2600円 2020年4月発行
ユネスコの危機遺産の全容を紹介

世界遺産ガイド-文化の道編- 978-4-86200-207-5 本体 2500円 2016年12月発行
世界遺産に登録されている「文化の道」を特集

世界遺産ガイド-文化的景観編- 978-4-86200-150-4 本体 2381円 2010年4月発行
文化的景観のカテゴリーに属する世界遺産を特集

世界遺産ガイド-複数国にまたがる世界遺産編- 978-4-86200-151-1 本体 2381円 2010年6月発行
複数国にまたがる世界遺産を特集

世界遺産ガイド-日本編- 2020改訂版 （新刊）	978-4-86200-230-3 本体2778円 2019年9月発行 日本にある世界遺産、暫定リストを特集
日本の世界遺産 -東日本編- -西日本編-	978-4-86200-130-6 本体2000円 2008年2月発行 978-4-86200-131-3 本体2000円 2008年2月発行
世界遺産ガイド-日本の世界遺産登録運動-	4-86200-108-4 本体2000円 2005年12月発行 暫定リスト記載物件はじめ世界遺産登録運動の動きを特集
世界遺産ガイド-世界遺産登録をめざす富士山編-	978-4-86200-153-5 本体2381円 2010年11月発行 富士山を世界遺産登録する意味と意義を考える
世界遺産ガイド-北東アジア編-	4-916208-87-0 本体2000円 2004年3月発行 北東アジアにある世界遺産を特集、国の概要も紹介
世界遺産ガイド-朝鮮半島にある世界遺産-	4-86200-102-5 本体2000円 2005年7月発行 朝鮮半島にある世界遺産、暫定リスト、無形文化遺産を特集
世界遺産ガイド-中国編- 2010改訂版	978-4-86200-139-9 本体2381円 2009年10月発行 中国にある世界遺産、暫定リストを特集
世界遺産ガイド-モンゴル編- （新刊）	978-4-86200-233-4 本体2500円 2019年12月発行 モンゴルにあるユネスコ遺産を特集
世界遺産ガイド-東南アジア編-	978-4-86200-149-8 本体2381円 2010年5月発行 東南アジアにある世界遺産、暫定リストを特集
世界遺産ガイド-ネパール・インド・スリランカ編- （新刊）	978-4-86200-221-1 本体2500円 2018年11月発行 ネパール・インド・スリランカにある世界遺産を特集
世界遺産ガイド-オーストラリア編-	4-86200-115-7 本体2000円 2006年5月発行 オーストラリアにある世界遺産を特集、国の概要も紹介
世界遺産ガイド-中央アジアと周辺諸国編-	4-916208-63-3 本体2000円 2002年8月発行 中央アジアと周辺諸国にある世界遺産を特集
世界遺産ガイド-中東編-	4-916208-30-7 本体2000円 2000年7月発行 中東にある世界遺産を特集
世界遺産ガイド-知られざるエジプト編-	978-4-86200-152-8 本体2381円 2010年6月発行 エジプトにある世界遺産、暫定リスト等を特集
世界遺産ガイド-アフリカ編-	4-916208-27-7 本体2000円 2000年3月発行 アフリカにある世界遺産を特集
世界遺産ガイド-イタリア編-	4-86200-109-2 本体2000円 2006年1月発行 イタリアにある世界遺産、暫定リストを特集
世界遺産ガイド-スペイン・ポルトガル編-	978-4-86200-158-0 本体2381円 2011年1月発行 スペインとポルトガルにある世界遺産を特集
世界遺産ガイド-英国・アイルランド編-	978-4-86200-159-7 本体2381円 2011年3月発行 英国とアイルランドにある世界遺産等を特集
世界遺産ガイド-フランス編-	978-4-86200-160-3 本体2381円 2011年5月発行 フランスにある世界遺産、暫定リストを特集
世界遺産ガイド-ドイツ編-	4-86200-101-7 本体2000円 2005年6月発行 ドイツにある世界遺産、暫定リストを特集
世界遺産ガイド-ロシア編-	978-4-86200-166-5 本体2381円 2012年4月発行 ロシアにある世界遺産等を特集
世界遺産ガイド-コーカサス諸国編- （新刊）	978-4-86200-227-3 本体2500円 2019年6月発行 コーカサス諸国にある世界遺産等を特集
世界遺産ガイド-バルト三国編- （新刊）	4-86200-222-8 本体2500円 2018年12月発行 バルト三国にある世界遺産を特集
世界遺産ガイド-アメリカ合衆国編- （新刊）	978-4-86200-214-3 本体2500円 2018年1月発行 アメリカ合衆国にあるユネスコ遺産等を特集
世界遺産ガイド-メキシコ編-	978-4-86200-202-0 本体2500円 2016年8月発行 メキシコにある世界遺産等を特集
世界遺産ガイド-カリブ海地域編- （新刊）	4-86200-226-6 本体2600円 2019年5月発行 カリブ海地域にある主な世界遺産を特集
世界遺産ガイド-中米編-	4-86200-81-1 本体2000円 2004年2月発行 中米にある主な世界遺産を特集
世界遺産ガイド-南米編-	4-86200-76-5 本体2000円 2003年9月発行 南米にある主な世界遺産を特集

世界遺産ガイド-地形・地質編-	978-4-86200-185-6 本体2500円 2014年5月発行 世界自然遺産のうち、代表的な「地形・地質」を紹介
世界遺産ガイド-生態系編-	978-4-86200-186-3 本体2500円 2014年5月発行 世界自然遺産のうち、代表的な「生態系」を紹介
世界遺産ガイド-自然景観編-	4-916208-86-2 本体2000円 2004年3月発行 世界自然遺産のうち、代表的な「自然景観」を紹介
世界遺産ガイド-生物多様性編-	4-916208-83-8 本体2000円 2004年1月発行 世界自然遺産のうち、代表的な「生物多様性」を紹介
世界遺産ガイド-自然保護区編-	4-916208-73-0 本体2000円 2003年5月発行 自然遺産のうち、自然保護区のカテゴリーにあたる物件を特集
世界遺産ガイド-国立公園編-	4-916208-58-7 本体2000円 2005年4月発行 ユネスコ世界遺産のうち、代表的な国立公園を特集
世界遺産ガイド-名勝・景勝地編-	4-916208-41-2 本体2000円 2001年3月発行 ユネスコ世界遺産のうち、代表的な名勝・景勝地を特集
世界遺産ガイド-歴史都市編-	4-916208-64-1 本体2000円 2002年9月発行 ユネスコ世界遺産のうち、代表的な歴史都市を特集
世界遺産ガイド-都市・建築編-	4-916208-39-0 本体2000円 2001年2月発行 ユネスコ世界遺産のうち、代表的な都市・建築を特集
世界遺産ガイド-産業・技術編-	4-916208-40-4 本体2000円 2001年3月発行 ユネスコ世界遺産のうち、産業・技術関連遺産を特集
世界遺産ガイド-産業遺産編-保存と活用	4-86200-103-3 本体2000円 2005年4月発行 ユネスコ世界遺産のうち、各産業分野の遺産を特集
世界遺産ガイド-19世紀と20世紀の世界遺産編-	4-916208-56-0 本体2000円 2002年7月発行 激動の19世紀、20世紀を代表する世界遺産を特集
世界遺産ガイド-宗教建築物編-	4-916208-72-2 本体2000円 2003年6月発行 ユネスコ世界遺産のうち、代表的な宗教建築物を特集
世界遺産ガイド-仏教関連遺産編- 新刊	4-86200-223-5 本体2600円 2019年2月発行 ユネスコ世界遺産のうち仏教関連遺産を特集
世界遺産ガイド-歴史的人物ゆかりの世界遺産編-	4-916208-57-9 本体2000円 2002年9月発行 歴史的人物にゆかりの深いユネスコ世界遺産を特集
世界遺産ガイド-人類の負の遺産と復興の遺産編-	978-4-86200-173-3 本体2000円 2013年2月発行 世界遺産から人類の負の遺産と復興の遺産を学ぶ
世界遺産ガイド-暫定リスト記載物件編-	978-4-86200-138-2 本体2000円 2009年5月発行 世界遺産暫定リストに記載されている物件を一覧する
世界遺産ガイド -特集 第29回世界遺産委員会ダーバン会議-	4-86200-105-X 本体2000円 2005年9月発行 2005年新登録24物件と登録拡大、危機遺産などの情報を満載
世界遺産ガイド -特集 第28回世界遺産委員会蘇州会議-	4-916208-95-1 本体2000円 2004年8月発行 2004年新登録34物件と登録拡大、危機遺産などの情報を満載

世界の文化シリーズ

世界遺産の無形版といえる「世界無形文化遺産」についての希少な書籍

世界無形文化遺産データ・ブック 新刊 2019年版	978-4-86200-224-2 本体2600円 2019年4月発行 世界無形文化遺産の仕組みや登録されているものを地域別・国別に整理。
世界無形文化遺産事典 2019年版 新刊	978-4-86200-225-9 本体2600円 2019年4月発行 世界無形文化遺産の概要を、地域別・国別・登録年順に掲載。

世界の記憶シリーズ

ユネスコのプログラム「世界の記憶」の全体像を明らかにする日本初の書籍

世界の記憶データ・ブック 新刊 2017～2018年版	978-4-86200-215-0 本体2778円 2018年1月発行 ユネスコ三大遺産事業の一つ「世界の記憶」の仕組みや427件の世界の記憶など、プログラムの全体像を明らかにする日本初のデータ・ブック。

ふるさとシリーズ

シンクタンクせとうち総合研究機構

事務局 〒731-5113 広島市佐伯区美鈴が丘緑三丁目4番3号

書籍のご注文専用ファックス 082-926-2306 電子メールwheritage@tiara.ocn.ne.jp

※シリーズや年度版の定期予約は、当シンクタンク事務局迄お申し込み下さい。